한글 경전 모음

불교시대사

- 차례 -

반야심경	7
금강경	11
관음경	79
법성게	155
보현행원경	159
생멸의노래	231

반야심경

금강경

마하반야바라밀다심경

비구보살 적멸 한글역

　관자재보살이 깊은 반야바라밀다를 행할 때에 오온이 모두 다 공 하다는 것을 비춰보고 일체 고액을 건넜느니라.

　사리자야! 색은 공과 다르지 않고 공은 색과 다르지 아니하나니, 색이 즉 공이요 공이 즉 색이니라. 느낌과 생각과 흐름과 인식이 다시 또 이와 같으니라.

　사리자야! 모든 법의 공한 모습은 생성함이 아

니고 소멸함이 아니며, 깨끗함이 아니고 더러움이 아니며, 늘어남이 아니고 줄어듦이 아니니라.

　이러한 까닭에 공 가운데는 색이 청정하고 느낌이 청정하고 생각이 청정하고 흐름이 청정하고 인식이 청정하고, 눈과 귀와 코와 혀와 몸과 마음이 청정하고, 빛과 소리와 냄새와 맛과 감촉과 법칙이 청정하고, 눈의 인식이 청정하고 내지 마음의 인식이 청정하고, 무명이 청정하고 무명의 다함이 청정하고 내지 늙고 죽음이 청정하고 늙고 죽음의 다함이 청정하고, 괴로움과 집적과 멸도와 정도가 청정하고, 지혜가 청정하고 얻음이 청정하느니라.

　얻음이 청정한 까닭에 보살은 반야바라밀다에

의지하나니, 그러므로 마음에 걸림이 없고, 걸림이 없는 까닭에 두려움과 뒤바뀐 헛된 생각을 멀리 여의고 구경열반에 들어가느니라. 삼세의 모든 부처님께서도 반야바라밀다에 의지하므로 아누다라삼먁삼보리를 얻느니라.

반드시 알아라. 반야바라밀다는 신비한 주문이며, 밝은 주문이며, 최상의 주문이며, 견줄 데 없는 주문이며, 능히 일체의 괴로움을 없애나니, 진실로 허망하지 않느니라. 그러므로 반야바라밀다의 주문을 설하리니, 주문은 이러 하느니라.

가자 가자 높이 가자 더 높이 가자 무상보리 사바하.

금강반야바라밀경

비구보살 적멸 한글역

1분 법회가 열리게 된 연유

01 - 01 이와 같이 나는 들었다. 한 때에 부처님께서는 사위국 기수급고독원에서 큰 비구스님 천이백오십 인과 더불어 계시었다.

01 - 02 그때에 세존께서 밥 때가 되니 옷을 입으시고 발우를 지니시고 사위 큰 성으로 들어가시어 밥을 빌으셨다. 그 성안에서 차례로 빌으시고는 본래의 곳으로 돌아오시어,

01 - 03 밥을 자시고 옷과 발우를 거두시고 발을 씻으시고 자리를 펴시고 단정히 앉으시었다.

2분 수보리가 일어나 법을 청하다

02 - 01 때에 장로 수보리가 대중가운데에 있다가 자리에서 일어나 웃옷을 한편으로 걸쳐 오른쪽 어깨를 드러내고 오른쪽 무릎을 땅에 대고 두 손 모아 공경하며 부처님께 사뢰어 말하였다. 희유하신 세존이시여! 여래께서는 모든 보살을 잘 호념하시며 모든 보살에게 잘 부촉하시나이다.

02 - 02 세존이시여! 선남자 선여인이 아누다라삼먁삼보리의 마음을 일으켰으면 마땅히 어떻게 머

무르며 어떻게 수행하며 어떻게 그 마음을 항복 받아야 하나이까?

02 - 03 부처님께서 말씀하시었다. 어질고 어질도다 수보리야! 네가 말한 바와 같이 여래는 모든 보살을 잘 호념하며 모든 보살에게 잘 부촉하느니라. 너는 이제 자세히 들어라. 너를 위하여 설하리라. 선남자 선여인이 아누다라삼먁삼보리의 마음을 일으켰으면 반드시 이와 같이 머무르며 이와 같이 수행하며 이와 같이 그 마음을 항복 받아야 하느니라.

02 - 04 그러하겠나이다 세존이시여! 기꺼이 듣고자 원하옵나이다.

3분 대승의 바른 종지

03 - 01 부처님께서 수보리에게 이르시었다. 모든 보살 마하살은 반드시 이와 같이 그 마음을 항복 받아야 하느니라.

03 - 02 존재하는 일체 중생의 종류인 알에서 난 중생과, 태에서 난 중생과, 습에서 난 중생과, 화하여 난 중생과, 색이 있는 중생과, 색이 없는 중생과, 생각이 있는 중생과, 생각이 없는 중생과, 생각이 있음도 아니고 생각이 없음도 아닌 중생을,

03 - 03 내가 다 남김 없는 열반으로 들게 하여 제도하리라.

03 - 04 이와 같이 헤아릴 수 없고 셀 수 없고 가없는 중생을 제도한다고 하여도 실로 제도 받은 중생은 아무도 없으리로다.

03 - 05 어찌하여 그러한가 수보리야! 보살에게 아상 인상 중생상 수자상이 있으면 보살이라고 말할 수 없기 때문이니라.

4분 머무름이 없는 수행은 미묘하다

04 - 01 다시 다음으로 수보리야! 보살은 반드시 법에 머무르지 않고 보시를 행하여야 하느니라.

04 - 02 이른바 색에 머무르지 않고 보시하고 소리와 냄새와 맛과 감촉과 법칙에 머무르지 않고 보

시하는 것이니라.

04-03 수보리야! 보살은 반드시 이와 같이 상에 머무르지 않고 보시를 하여야 하리라.

04-04 어찌하여 그러한가? 보살이 상에 머무르지 않고 보시를 한다면 그 복덕이 생각으로 헤아릴 수 없기 때문이니라.

04-05 수보리야! 너의 뜻에는 어떠한가? 동방의 허공을 생각으로 헤아릴 수 있겠는가? 없겠나이다 세존이시여!

04-06 수보리야! 남 서 북방과 사유 상하의 허공을 생각으로 헤아릴 수 있겠는가? 없겠나이다 세존이시여! 수보리야! 보살이 상에 머무르지 않고

보시하는 복덕도 또다시 이와 같아 생각으로 헤아릴 수 없느니라.

04 - 07 수보리야! 보살은 반드시 가르쳐준 바와 같이만 머물지니라.

5분 진리를 여실히 보라

05 - 01 수보리야! 너의 뜻에는 어떠한가? 신상으로써 여래를 볼 수 있겠는가?

05 - 02 없겠나이다 세존이시여! 신상으로써는 여래를 볼 수 없겠나이다.

05 - 03 어찌하여 그러하나이까? 여래께서 설하시는 신상은 아닌신상이기 때문이나이다.

05 - 04 부처님께서 수보리에게 이르시었다.

무릇 있는 바의 상은

모두 다 허망하다

모든 상을 아닌상으로써 본다면

여래를 보리로다

6분 바른 믿음은 희유하다

06 - 01 수보리가 부처님께 사뢰어 말하였다. 세존이시여! 자못 어떤 중생이 이와 같은 말씀이나 글귀를 듣고는 진실한 믿음을 낼 수 있겠나이까?

06 - 02 부처님께서 수보리에게 이르시었다. 그런 말을 하지 마라라. 여래가 멸한 뒤 후오백세에도

계율을 지키며 복을 닦는 사람이 있으리니, 이 글귀에 믿는 마음을 낼 것이며 이로써 진실을 삼으리라.

06 - 03 마땅히 알지어다. 이 사람은 한 부처님 두 부처님 서너 다섯 부처님에게만 선근을 심은 것이 아니라 이미 한량없는 천 만 부처님의 곳에서 온갖 선근을 심었으므로 이 글귀를 듣고는 한 생각 깨끗한 믿음을 내리라.

06 - 04 수보리야! 여래는 다 알고 다 보리니, 이 모든 중생이 이와 같은 무량 복덕을 얻으리라.

06 - 05 어찌하여 그러한가? 이 모든 중생에게 다시는 아상 인상 중생상 수자상이 없으며 법상이 없

으며 아닌법상이 없기 때문이니라.

06 - 06 어찌하여 그러한가? 이 모든 중생이 마음에 상을 취하면 아상 인상 중생상 수자상에 집착하게 되고, 법상을 취하여도 아상 인상 중생상 수자상에 집착하게 되기 때문이니라. 어찌하여 그러한가? 아닌법상을 취하여도 아상 인상 중생상 수자상에 집착하게 되기 때문이니라.

06 - 07 그러므로 법을 취하지 말 것이며 아닌법을 취하지 말 것이다.

06 - 08 이러한 뜻의 까닭에 여래는 항상 말하였다. 너희 비구들아! 나의 설법이 뗏목의 비유와 같음을 알아라. 법도 오히려 버려야 하거늘 하물며

아닌법에 있어 서라.

7분 얻음이 없고 설함이 없다

07 - 01 수보리야! 너의 뜻에는 어떠한가? 여래가 아누다라삼먁삼보리를 얻은 것인가? 여래가 설할 법이 있는 것인가?

07 - 02 수보리가 말하였다. 제가 부처님께서 설하시는 뜻을 깨닫기로는 아누다라삼먁삼보리라고 이름할 정해진 법이 없으며, 여래께서 설하실 정해진 법이 없나이다.

07 - 03 어찌하여 그러하나이까? 여래께서 깨달으신 온전한 법은 다 취할 수 없으며 설할 수 없으며

아닌법이며 아닌아닌법이기 때문이나이다.

07 - 04 그 까닭이 무엇이나이까? 일체의 모든 성현들께서는 다 무위의 법으로써 차별을 짓기 때문이나이다.

8분 법에 의하여 출생하다

08 - 01 수보리야! 너의 뜻에는 어떠한가? 어떤 사람이 삼천대천세계에 칠보를 가득 채워서 보시를 한다면 이 사람이 얻는 복덕을 정녕 많다 하랴 적다 하랴?

08 - 02 수보리가 사뢰었다. 정말 많다 하리다 세존이시여! 어찌하여 그러하나이까? 이 복덕은 복

덕의 아닌성품이기 때문이나이다. 이러한 까닭에 여래께서는 복덕이 많다고 말씀하시나이다.

08 - 03 다시 어떤 사람이 이 경 가운데의 사구게 등을 수지하고 남을 위하여 설한다면 그 복이 저보다 수승하리니,

08 - 04 어찌하여 그러한가 수보리야! 일체 모든 부처님과 그리고 모든 부처님의 아누다라삼먁삼보리법이 모두 다 이 경으로부터 나오기 때문이니라.

08 - 05 수보리야! 이른바 불법이라고 하는 것은 아닌불법이니라.

9분 하나의 상은 없는 상이다

09 - 01 수보리야! 너의 뜻에는 어떠한가? 수다원이 나는 수다원의 과위를 얻었노라 하는 생각을 지어서 되겠는가?

09 - 02 수보리가 사뢰었다. 안 됩니다 세존이시여! 어찌하여 그러하나이까? 수다원을 이름하여 흐름에 들어간 사람이라고 하지만 들어감이 없나이다. 색과 소리와 냄새와 맛과 감촉과 법칙에도 들어가지 않습니다. 그러므로 이를 수다원이라고 이름하나이다.

09 - 03 수보리야! 너의 뜻에는 어떠한가? 사다함이 나는 사다함의 과위를 얻었노라 하는 생각을 지

어서 되겠는가? 수보리가 사뢰었다. 안 됩니다 세존이시여! 어찌하여 그러하나이까? 사다함을 이름하여 한번 왕래할 사람이라고 하지만 실로 왕래함이 없으므로 이를 사다함이라고 이름하나이다.

09 - 04 수보리야! 너의 뜻에는 어떠한가? 아나함이 나는 아나함의 과위를 얻었노라 하는 생각을 지어서 되겠는가? 수보리가 사뢰었다. 안 됩니다 세존이시여! 어찌하여 그러하나이까? 아나함을 이름하여 돌아오지 않을 사람이라고 하지만 실로 옴이 없나이다. 이러한 까닭에 아나함이라고 이름하나이다.

09 - 05 수보리야! 너의 뜻에는 어떠한가? 아라한

이 나는 아라한의 도를 얻었노라 하는 생각을 지어서 되겠는가?

09 - 06 수보리가 사뢰었다. 안 됩니다 세존이시여! 어찌하여 그러하나이까? 실로 아라한이라고 이름할 법이 있지 않기 때문이나이다. 세존이시여! 만약 아라한이 나는 아라한의 도를 얻었노라 하는 생각을 짓는다고 한다면 아상 인상 중생상 수자상에 집착함이 되옵니다.

09 - 07 세존이시여! 부처님께서는 저에게 무쟁의 삼매를 얻은 사람 가운데에서 가장 으뜸이 된다고 말씀하시나니, 이는 욕심을 떠난 제일의 아라한이나이다.

09 - 08 그러나 저는 내가 욕심을 떠난 아라한이다 하는 생각을 짓지 않습니다.

09 - 09 세존이시여! 제가 만약 나는 아라한의 도를 얻었노라 하는 생각을 짓는다고 한다면 세존께서는 수보리야말로 아란야의 행을 즐기는 사람이다라고 말씀하시지 않습니다. 수보리가 실로 행하는 바가 없기 때문에 수보리야말로 아란야의 행을 즐기는 사람이다라고 이름하시나이다.

10분 정토를 장엄하게 하다

10 - 01 부처님께서 수보리에게 이르시었다. 너의 뜻에는 어떠한가? 여래가 옛날에 연등부처님의 곳

에서 법에 얻은 바가 있었느냐? 세존이시여! 여래께서는 연등부처님의 곳에서 실로 법에 얻은 바가 없었나이다.

10 - 02 수보리야! 너의 뜻에는 어떠한가? 보살이 부처님의 땅을 장엄하게 하느냐?

10 - 03 하지 않습니다 세존이시여! 어찌하여 그러하나이까? 부처님의 땅을 장엄하게 한다고 하시는 것은 아닌장엄이며 이를 이름하여 장엄이라고 하기 때문이나이다.

10 - 04 그러므로 수보리야! 모든 보살 마하살은 반드시 이와 같이 맑고 깨끗한 마음을 내어야 하리라. 색에 머무르지 않고 마음을 내어야 하며 소리

와 냄새와 맛과 감촉과 법칙에 머무르지 않고 마음을 내어야 하느니라.

10 - 05 반드시 머무르는 바 없이 그 마음을 내어라.

10 - 06 수보리야! 비유하건대 어떤 사람의 몸이 수미산 같다고 한다면, 너의 뜻에는 어떠한가? 이 몸이 크다 하랴 작다 하랴? 수보리가 사뢰었다. 매우 크다 하겠나이다 세존이시여! 어찌하여 그러하나이까? 부처님께서는 아닌몸을 설하시고 이를 큰 몸이라고 이름 하기 때문이나이다.

11분 무위의 복은 수승하다
11 - 01 수보리야! 항하에 가득 있는 모래 숫자만

큼 이와 같은 모래 수의 항하라면, 너의 뜻에는 어떠한가? 이 모든 항하의 모래 수가 정녕 많다 하랴 적다 하랴? 수보리가 사뢰었다. 참으로 많다 하리다 세존이시여! 모든 항하만이라도 오히려 많아서 수가 없거늘 하물며 그 모든 모래 수이리까?

11 - 02 수보리야! 선남자 선여인이 그 모든 항하에 있는 모래 수의 삼천대천세계에 칠보를 가득 채워서 보시를 한다면 얻는 복을 많다 하랴 적다 하랴? 수보리가 사뢰었다. 정말 많다 하리다 세존이시여!

11 - 03 부처님께서 수보리에게 이르시었다. 내가 이제 너에게 진실한 말로 이르리라. 선남자 선여

인이 이 경 가운데의 사구게 등을 수지하고 남을 위하여 설한다면 그 복덕은 앞의 복덕보다 수승하리라.

12분 바른 가르침을 존중하라

12 - 01 다시 다음으로 수보리야! 어디서나 이 경을 설하되 다만 사구게의 한 구절만이라도 설하는 데에 이른다면, 마땅히 알아라, 이곳은 일체 세간의 하늘과 인간과 아수라가 모두 다 불탑같이 공양을 올리리니,

12 - 02 하물며 어떤 사람이 이 경을 다 능히 수지하고 독송하고 남을 위하여 해설함에 있어서랴!

수보리야! 반드시 알아라. 이 사람은 최상이며 제일인 희유의 법을 성취하리라.

12 - 03 그리고 이 경전이 있는 곳이라면 부처님과 존중받는 제자가 있게 되느니라.

13분 법답게 받아 지녀라

13 - 01 그때에 수보리가 부처님께 사뢰어 말하였다. 세존이시여! 이 경을 무엇이라고 이름하오며 저희들은 어떻게 받들어 지녀야 하리이까? 부처님께서 수보리에게 이르시었다. 이 경의 이름을 금강반야바라밀이라고 하라. 너희 등은 반드시 이 이름으로써 받들어 지녀야 하리라.

13 - 02 그 까닭이 무엇인가 수보리야! 붇다가 설하는 반야바라밀은 아닌반야바라밀이기 때문이니라.

13 - 03 수보리야! 너의 뜻에는 어떠한가? 여래에게는 설할 바의 법이 있느냐? 수보리가 부처님께 사뢰어 말하였다. 세존이시여! 여래께서는 설할 바가 없나이다.

13 - 04 수보리야! 너의 뜻에는 어떠한가? 삼천대천세계에 있는 미진이 많다 하랴 적다 하랴? 수보리가 사뢰었다. 매우 많다 하리다 세존이시여! 수보리야! 모든 미진을 여래는 아닌미진이라고 설하고 이를 미진이라고 이름하느니라. 여래는 세계를

아닌세계라고 설하고 이를 세계라고 이름하느니라.

13 - 05 수보리야! 너의 뜻에는 어떠한가? 삼십이상으로써 여래를 볼 수 있겠는가? 볼 수 없겠나이다 세존이시여! 삼십이상으로써는 여래를 볼 수 없겠나이다. 어찌하여 그러하나이까? 여래께서는 삼십이상을 아닌상이라고 설하시옵고 이를 삼십이상이라고 이름 하기 때문이나이다.

13 - 06 수보리야! 선남자 선여인이 항하의 모래알과 같이 많은 신명을 바쳐서 보시를 한다고 하여도,

13 - 07 다시 어떤 사람이 이 경 가운데의 사구게

등을 수지하고 남을 위하여 설한다면 그 복이 더 많으리라.

14분 상을 여의면 적멸이다

14-01 그때에 수보리가 이 경의 말씀을 듣고 의취를 깊이 깨달아 눈물 흘려 흐느끼며 부처님께 사뢰어 말하였다. 희유하나이다 세존이시여! 부처님께서는 이와 같이 깊고 깊은 경전을 설하시옵나니, 제가 예로부터 오면서 얻은 바의 혜안으로는 일찍이 이와 같이 깊은 말씀은 들어본 적이 없었나이다.

14-02 세존이시여! 다시 어떤 사람이 이 경을

듣고서 믿는 마음이 청정하면 실상을 깨닫게 되오리니, 이 사람이 제일 희유한 공덕을 성취하리라는 것을 알겠나이다.

14-03 세존이시여! 이 실상이라는 것은 아닌상이나이다. 이러한 까닭에 여래께서는 실상이라고 이름하여 설하시나이다.

14-04 세존이시여! 제가 지금 이와 같은 경전을 듣고 믿음과 이해로써 받아 지닌다고 한다면 이는 어렵다 하지 못하리다마는,

14-05 오는 미래의 세상 후오백세에 그 어떤 중생이 이 경전을 듣고 믿음과 이해로써 받아 지닌다고 한다면 이 사람이야말로 제일 희유하다 하겠나

이다.

14 - 06 어찌하여 그러하나이까? 이 사람은 아상이 없고 인상이 없고 중생상이 없고 수자상이 없기 때문이나이다. 그 까닭이 무엇이나이까? 아상은 아닌상이며 인상 중생상 수자상도 아닌상이기 때문이나이다. 어찌하여 그러하나이까? 일체 모든 상을 여읜 분들을 부처님이라고 이름하기 때문이나이다.

14 - 07 부처님께서 수보리에게 이르시었다. 그러하다 그러하다.

14 - 08 다시 어떤 사람이 이 경전을 듣고 놀라지 않으며 겁내지 않으며 두려워 않는다면, 마땅히

알아라, 이 사람은 참으로 희유하느니라.

14 - 09 어찌하여 그러한가 수보리야! 여래는 제일바라밀을 아닌제일바라밀이라고 설하고 이를 제일바라밀이라고 이름하기 때문이니라.

14 - 10 수보리야! 인욕바라밀을 여래는 아닌인욕바라밀이라고 설하느니라.

14 - 11 어찌하여 그러한가 수보리야! 내가 옛날 가리왕에게 신체를 갈가리 찢기게 되었던 것과도 같기 때문이니, 나는 그때에 아상이 없었고 인상이 없었고 중생상이 없었고 수자상이 없었느니라.

14 - 12 어찌하여 그러한가? 그 옛날 마디마디 잘림을 당했던 때에 내가 만약 아상 인상 중생상 수

자상이 있었다면 반드시 분노와 원한을 내었을 것이기 때문이니라.

14 - 13 수보리야! 또한 생각하니, 과거 오백세 동안에 나는 인욕을 짓는 선인이었느니라. 그 곳의 세상에서도 아상이 없었고 인상이 없었고 중생상이 없었고 수자상이 없었느니라.

14 - 14 그러므로 수보리야! 보살은 반드시 일체의 상을 떠나 아누다라삼먁삼보리의 마음을 일으켜야 하느니라.

14 - 15 색에 머무르지 않고 마음을 내어야 하며 소리와 냄새와 맛과 감촉과 법칙에 머무르지 않고 마음을 내어야 하며 반드시 머무르는 바 없는 그

마음을 내어야 하느니라.

14 - 16 마음에 머무름이 있다고 한다면 아닌머무름이 되어야 하리라.

14 - 17 그러므로 붇다가, 보살은 마음을 색에 머무르지 않고 보시를 하여야 한다고 설하느니라.

14 - 18 수보리야! 보살은 일체 중생의 이익을 위하여 반드시 이와 같이 보시를 하여야 하느니라.

14 - 19 여래는 일체 모든 상을 아닌상이라고 설하고, 또한 일체중생을 아닌중생이라고 설하느니라.

14 - 20 수보리야! 여래는 참말을 하는 사람이며 진실의 말을 하는 사람이며 이러함의 말을 하는 사

람이며 거짓말을 않는 사람이며 틀린 말을 않는 사람이니라.

14 - 21 수보리야! 여래가 얻은 법은, 이 법은 실다움이 없고 헛됨이 없느니라.

14 - 22 수보리야! 보살이 마음을 법에 머물러서 보시를 행한다고 한다면 사람이 어둠 속에 들어가 아무 것도 볼 수 없게 됨과 같으며, 보살이 마음을 법에 머무르지 않고 보시를 행한다고 한다면 눈이 있는 사람이 햇빛 밝게 비칠 때에 갖가지 색을 봄과 같으니라.

14 - 23 수보리야! 오는 세상에서 선남자 선여인이 능히 이 경을 수지하고 독송하면 여래는 깨달은

자의 지혜로써 이 사람을 다 알고 이 사람을 다 보리니, 헤아릴 수 없고 가없는 공덕을 성취하리라.

15분 경전을 지니는 공덕

15 - 01 수보리야! 선남자 선여인이 아침때에 항하의 모래같이 많은 몸으로써 보시하고 점심때에 다시 항하의 모래같이 많은 몸으로써 보시하고 저녁때에 또다시 항하의 모래같이 많은 몸으로써 보시하고 이와 같이 헤아릴 수 없는 백 천 만 억겁에 이르도록 몸 바쳐 보시를 한다고 하여도,

15 - 02 다시 어떤 사람이 이 경전을 듣고 믿는 마음이 거슬리지 않는다면 그 복이 저보다 수승하

리니, 하물며 이 경을 베껴 쓰고 받아 지니고 읽고 외우고 남을 위하여 해설함에 있어서랴!

15 - 03 수보리야! 요약해서 말하건대, 이 경은 헤아릴 수 없고 잴 수 없고 가없고 불가사의한 공덕을 지니고 있느니라.

15 - 04 여래는 최상승의 마음을 일으킨 사람을 위하여 설하고 최상 대승의 마음을 일으킨 사람을 위하여 설하느니라.

15 - 05 어떤 사람이 능히 수지하고 독송하고 널리 사람들을 위하여 설한다고 한다면 여래는 이 사람을 다 알고 이 사람을 다 보리니, 헤아릴 수 없고 잴 수 없고 가없고 불가사의한 공덕을 성취하리

라. 이와 같은 사람들은 여래의 아누다라삼먁삼보리를 스스로 짊어지리로다.

15-06 어찌하여 그러한가 수보리야! 작은 법을 즐기는 사람들은 아견 인견 중생견 수자견에 집착하므로 이 경을 받아 듣지도 못하고 읽고 외우지도 못하고 남을 위하여 해설하지도 못하기 때문이니라.

15-07 수보리야! 어느 곳 어디에나 이 경이 있는 곳이라면 일체 세간의 하늘과 인간과 아수라가 기꺼이 공양을 올리리라. 마땅히 알아라, 이곳이 곧 불탑이 되리니, 모두가 다 공경하는 마음으로 주위를 돌면서 예를 올리고 온갖 꽃과 향으로써 그곳

에 흘으리라.

16분 능히 업장을 깨끗이 하다

16 - 01 다시 다음으로 수보리야! 선남자 선여인이 이 경을 수지하고 독송하는 데도 사람들에게 경시 당하고 천시 당한다고 한다면 이 사람은 먼저 세상의 죄업으로 마땅히 악도에 떨어지련만, 이 세상의 사람들에게 경시 당하고 천시 당하는 까닭에 먼저 세상의 죄업이 즉시에 소멸되나니, 반드시 아누다라삼먁삼보리를 얻으리라.

16 - 02 수보리야! 내가 과거 헤아릴 수 없는 아승기 겁을 생각하니, 연등부처님보다 더 앞에서도

이미 팔백 사천 만 억 나유타의 모든 부처님을 만나 뵈었고 모든 분을 다 이어 섬기고 공양함에 조금도 헛되게 보낸 날이 없었느니라.

16-03 다시 어떤 사람이 먼 훗날 말세에 이 경을 받아 지니고 읽고 외워서 공덕을 얻는다고 한다면 내가 그 모든 부처님에게 공양을 올렸던 공덕으로는 백 분의 일에도 미치지 못하며 천 만 억 분 내지 그 어떤 산수의 비유로도 미치지 못하리라.

16-04 수보리야! 먼 훗날 말세에서도 선남자 선여인이 이 경을 수지하고 독송하리니, 얻는 공덕을 내가 자세히 말한다면 어떤 사람은 듣고 마음에 광란을 일으키거나 의심 내고 망설여서 믿으려 하

지 않으리라.

16 - 05 **수보리야!** 마땅히 알아라, 이 경의 뜻은 불가사의하며 과보도 역시 불가사의 하느니라.

17분 구경에는 무아다

17 - 01 **그때에** 수보리가 부처님께 사뢰어 말하였다. 세존이시여! 선남자 선여인이 아누다라삼먁삼보리의 마음을 일으켰으면 마땅히 어떻게 머무르며 어떻게 수행하며 어떻게 그 마음을 항복 받아야 하나이까?

17 - 02 **부처님께서** 수보리에게 이르시었다. 선남자 선여인으로 아누다라삼먁삼보리를 일으킨 사람

은 반드시 이와 같은 마음을 낼지어다. 나는 반드시 일체 모든 중생을 제도하리라, 일체 모든 중생을 제도하여 다 마친다고 하여도 실로 제도 받은 중생은 한 중생도 없으리로다.

17 - 03 어찌하여 그러한가 수보리야! 보살에게 아상 인상 중생상 수자상이 있으면 보살이라고 말할 수 없기 때문이니라.

17 - 04 그 까닭이 무엇인가 수보리야! 실로 아누다라삼먁삼보리를 일으킨 사람이라고 할 법이 있지 않기 때문이니라.

17 - 05 수보리야! 너의 뜻에는 어떠한가? 여래가 연등부처님의 곳에서 아누다라삼먁삼보리를 얻은

법이 있었느냐?

17-06 있지 아니 하였나이다 세존이시여! 제가 부처님께서 설하시는 뜻을 깨닫기로는 부처님께서는 연등부처님의 곳에서 아누다라삼막삼보리를 얻은 법이 있지 아니하였나이다.

17-07 부처님께서 말씀하시었다. 그러하다 그러하다.

17-08 수보리야! 실로 여래에는 아누다라삼막삼보리를 얻은 법이 있지 아니하였느니라.

17-09 수보리야! 여래에 아누다라삼막삼보리를 얻은 법이 있다고 하였다면, 연등부처님께서 너는 오는 세상에 반드시 부처 되어 호를 석가모니

라고 하리라 하는 수기를 내리지 않았으리라. 실로 아누다라삼먁삼보리를 얻은 법이 있지 아니하였던 까닭에 연등부처님께서 나에게 수기를 내리시면서 이렇게 말씀하시었다. 너는 오는 세상에 반드시 부처 되어 호를 석가모니라고 하리라.

17 - 10 어찌하여 그러한가? 여래라고 하는 것은 모든 법이 진여라는 뜻이기 때문이니라.

17 - 11 어떤 사람이 여래는 아누다라삼먁삼보리를 얻었다 하고 말한다면, 수보리야! 실로 붇다에게는 아누다라삼먁삼보리를 얻은 법이 있지 아니하였느니라.

17 - 12 수보리야! 여래가 얻은 아누다라삼먁삼보

리의 그 속에는 실다움이 없고 헛됨이 없느니라.

17 - 13 그러므로 여래는 일체법이 다 불법이라고 설하느니라.

17 - 14 수보리야! 말한 바 일체법이라고 하는 것은 아닌일체법이니라. 이러한 까닭에 일체법이라고 이름하느니라.

17 - 15 수보리야! 비유하건대 사람 몸이 장대함과도 같으니라. 수보리가 사뢰었다. 세존이시여! 여래께서는 사람 몸의 장대를 아닌큰몸이라고 설하시옵고 이를 큰몸이라고 이름하나이다.

17 - 16 수보리야! 보살도 또한 이와 같으니라. 나는 반드시 헤아릴 수 없는 중생을 제도하리라 하

는 이 말을 짓는다고 한다면 보살이라고 이름 하지 않으리라.

17-17 어찌하여 그러한가 수보리야! 실로 보살이라고 이름 할 법이 있지 않기 때문이니라.

17-18 그러므로 붇다는 일체법을 아도 없고 인도 없고 중생도 없고 수자도 없다고 설하느니라.

17-19 수보리야! 보살이 나는 반드시 부처님의 땅을 장엄하게 하리라 하는 이 말을 짓는다고 한다면 그를 보살이라고 이름하지 않으리니,

17-20 어찌하여 그러한가? 여래가 부처님의 땅을 장엄하게 한다고 설하는 것은 아닌장엄이며 이를 이름하여 장엄이라고 하기 때문이니라.

17 - 21 수보리야! 보살로써 법의 무아를 통달한 사람이라고 한다면 여래는 그를 이름하여 참 보살이라고 말하리라.

18분 한 몸같이 보아라

18 - 01 수보리야! 너의 뜻에는 어떠한가? 여래는 육안이 있는가? 그러하나이다 세존이시여! 여래는 육안이 있나이다.

18 - 02 수보리야! 너의 뜻에는 어떠한가? 여래는 천안이 있는가? 그러하나이다 세존이시여! 여래는 천안이 있나이다.

18 - 03 수보리야! 너의 뜻에는 어떠한가? 여래는

혜안이 있는가? 그러하나이다 세존이시여! 여래는 혜안이 있나이다.

18 - 04 수보리야! 너의 뜻에는 어떠한가? 여래는 법안이 있는가? 그러하나이다 세존이시여! 여래는 법안이 있나이다.

18 - 05 수보리야! 너의 뜻에는 어떠한가? 여래는 불안이 있는가? 그러하나이다 세존이시여! 여래는 불안이 있나이다.

18 - 06 수보리야! 너의 뜻에는 어떠한가? 항하에 있는 모래 이 모래를 붇다가 설한 적이 있는가? 그러하나이다 세존이시여! 여래께서는 이 모래를 설하셨나이다.

18 - 07 수보리야! 너의 뜻에는 어떠한가? 하나의 항하에 있는 모래만큼 이 같은 항하가 있고,

18 - 08 이 모든 항하에 있는 모래 수의 부처님 세계라면 이를 정녕 많다 하랴 적다 하랴? 매우 많다 하리다 세존이시여!

18 - 09 부처님께서 수보리에게 이르시었다. 그곳 국토에 있는 중생의

18 - 10 온갖 마음의 흐름을 여래는 다 아느니라.

18 - 11 어찌하여 그러한가? 여래는 마음의 흐름을 마음의 아닌흐름이라고 설하고 이를 마음의 흐름이라고 이름하기 때문이니라.

18 - 12 그 까닭이 무엇인가 수보리야! 과거의 마

음도 얻을 수 없고 현재의 마음도 얻을 수 없고 미래의 마음도 얻을 수 없기 때문이니라.

19분 법계를 통틀어 교화하다

19-01 수보리야! 너의 뜻에는 어떠한가? 어떤 사람이 삼천대천세계에 칠보를 가득히 채워 가지고 보시를 한다면 이 사람이 이 인연으로 얻는 복을 많다 하랴 적다 하랴? 그러하나이다 세존이시여! 이 사람이 이 인연으로 얻는 복을 매우 많다 하겠나이다.

19-02 수보리야! 복덕이 실로 있다고 한다면 여래는 얻는 복덕을 많다고 설하지 않으련만 복덕이 없는

까닭에 여래는 얻는 복덕을 많다고 설하느니라.

20분 색을 여의고 상을 여의다

20 - 01 수보리야! 너의 뜻에는 어떠한가? 색신을 구족한 것으로써 붇다를 볼 수 있겠는가? 없겠나이다 세존이시여! 색신을 구족한 것으로써 여래를 보아서는 안 되옵나이다. 어찌하여 그러하나이까? 여래께서는 색신의 구족을 색신의 아닌구족이라고 설하시옵고 이를 색신의 구족이라고 이름하기 때문이나이다.

20 - 02 수보리야! 너의 뜻에는 어떠한가? 모든 상을 구족한 것으로써 여래를 볼 수 있겠는가? 없

겠나이다 세존이시여! 모든 상을 구족한 것으로써 여래를 보아서는 안 되옵나이다. 어찌하여 그러하나이까? 여래께서는 모든 상의 구족을 아닌구족이라고 설하시옵고 이를 모든 상의 구족이라고 이름하기 때문이나이다.

21분 설함이 아니고 설해짐이 아니다

21 - 01 수보리야! 여래가 나는 당연히 설할 법을 가지고 있노라 하는 이 생각을 짓는다고 너는 말하지 마라라, 이 생각을 짓지 마라라.

21 - 02 어찌하여 그러한가? 어떤 사람이 여래는 설할 법을 가지고 있다고 말한다면 부처님을 비방

하는 것이니, 내가 설하는 바를 깨닫지 못한 때문이니라.

21 - 03 수보리야! 설법이라고 하는 것은 가히 설할 수 없는 법이니, 이를 설법이라고 이름하느니라.

21 - 04 그때에 혜명 수보리가 부처님께 사뢰어 말하였다. 세존이시여! 미래의 세상에서도 자못 중생이 있어서 이 법의 설함을 듣고는 믿는 마음을 내겠나이까? 부처님께서 말씀하시었다. 수보리야! 그들은 아닌중생이며 아닌아닌중생이로다. 어찌하여 그러한가 수보리야! 중생 중생이라고 하는 것을 여래는 아닌중생이라고 설하고 이를 중생이

라고 이름하기 때문이니라.

22분 법은 가히 얻을 수 없다

22 - 01 수보리가 부처님께 사뢰어 말하였다. 세존이시여! 부처님께서 얻은 아뇩다라삼먁삼보리는 얻을 바가 없는 것이 되나이까? 그러하다 그러하다 수보리야! 내가 아뇩다라삼먁삼보리에서 작은 법도 얻을 수 없는데 이르렀나니, 이를 아뇩다라삼먁삼보리라고 이름 하느니라.

23분 깨끗한 마음으로 선을 행하라

23 - 01 다시 다음으로 수보리야! 이 법은 평등하

여 높고 낮음이 없나니, 이를 아누다라삼먁삼보리라고 이름하느니라.

23 - 02 아도 없고 인도 없고 중생도 없고 수자도 없는 것으로써 일체의 선법을 닦으면 아누다라삼먁삼보리를 얻으리라.

23 - 03 수보리야! 말 한 바 선법이라고 하는 것을 여래는 아닌선법이라고 설하고 이를 선법이라고 이름하느니라.

24분 복덕과 지혜는 견줄 데가 없다

24 - 01 수보리야! 어떤 사람이 삼천대천세계에 있는 모든 수미산의 이와 같은 칠보더미를 가져다

가 보시를 한다고 하여도, 다른 사람이 이 반야바라밀경 내지 사구게 등을 수지하고 독송하고 남을 위하여 설한다면, 앞의 복덕으로는 백 분의 일에도 미치지 못하며 백 천 만 억 분 내지 그 어떤 산수의 비유로도 미치지 못하리라.

25분 교화하는 바 없이 교화하라

25 - 01 수보리야! 여래가 나는 반드시 모든 중생에게 완전한 해탈을 얻게 하리라 하는 이 생각을 짓는다고 너는 말하지 마라라. 수보리야! 이 생각을 짓지 마라라.

25 - 02 어찌하여 그러한가? 실로 여래에게 완전

한 해탈을 얻게 할 중생이란 있지 않기 때문이니라.

25 - 03 만약 여래에게 완전한 해탈을 얻게 할 중생이 있다고 한다면 여래는 아상 인상 중생상 수자상이 있음이라.

25 - 04 수보리야! 여래가 자아가 있다고 설한 것은 아닌자아인데 범부의 사람들이 자아가 있다고 하느니라. 수보리야! 범부라고 하는 것도 여래는 아닌범부라고 설하느니라.

26분 법신은 아닌상이다

26 - 01 수보리야! 너의 뜻에는 어떠한가? 삼십이

상으로써 여래를 볼 수 있겠는가?

26 - 02 수보리가 사뢰어 말하였다. 그러하나이다 그러하나이다. 삼십이상으로써 여래를 볼 수 있겠나이다.

26 - 03 부처님께서 말씀하시었다. 수보리야! 삼십이상으로써 여래를 볼 수 있다고 한다면 전륜성왕도 여래이리라.

26 - 04 수보리가 부처님께 사뢰어 말하였다. 세존이시여! 제가 부처님께서 설하시는 뜻을 깨닫기로는 삼십이상으로써 여래를 보아서는 안 되옵나이다.

26 - 05 그때에 세존께서 게송으로 설하여 말씀하

시었다.

　색신으로써 나를 보거나

　음성으로써 나를 찾는다면

　이 사람은 사도를 행함이라

　여래를 볼 수 없으리

27분 단멸은 없다

27 - 01 **수보리야! 여래가 상을 구족한 까닭에 아누다라삼먁삼보리를 얻은 것은 아니다 하는 이 생각을 네가 짓는다고 한다면, 수보리야! 여래가 상을 구족한 까닭에 아누다라삼먁삼보리를 얻은 것은 아니다 하는 이 생각을 짓지 마라라.**

27 - 02 수보리야! 아누다라삼먁삼보리를 일으킨 사람은 모든 법을 단멸의 상으로 설한다 하는 이 생각을 네가 짓는다고 한다면 이 생각을 짓지 마라라.

27 - 03 어찌하여 그러한가? 아누다라삼먁삼보리의 마음을 일으킨 사람은 법에서 단멸의 상을 설하지 않기 때문이니라.

28분 받지도 않고 탐하지도 않는다

28 - 01 수보리야! 어떤 보살이 항하의 모래같이 많은 세계에 칠보를 가득 채워서 보시하고, 다시 어떤 보살이 일체법의 무아를 알고 무생 법인을 이

루어 얻는다고 한다면, 앞의 보살이 얻을 공덕보다 이 보살이 얻을 공덕이 수승하리라.

28 - 02 어찌하여 그러한가 수보리야! 모든 보살은 복덕을 받지 않기 때문이니라.

28 - 03 수보리가 부처님께 사뢰어 말하였다. 세존이시여! 어찌하여 보살은 복덕을 받지 않는다고 하시나이까? 수보리야! 보살은 지은 바의 복덕에 탐착하지 않느니라. 이러한 까닭에 복덕을 받지 않는다고 설하느니라.

29분 위의는 고요함이다

29 - 01 **수보리야! 어떤 사람이 여래는 오거나 가**

거나 앉거나 눕는다고 말한다면 이 사람은 내가 설하는 뜻을 깨닫지 못하였느니라.

29 - 02 어찌하여 그러한가? 여래는 어디로부터 온 바도 없으며 어디론가 가는 바도 없는 까닭에 여래라고 이름 하느니라.

30분 일합상은 상을 여의었다

30 - 01 **수보리야! 선남자 선여인이 삼천대천세계를 갈아 부셔서 미진으로 만든다고 한다면, 너의 뜻에는 어떠한가? 이 미진들을 정녕 많다 하랴 적다 하랴? 매우 많다 하겠나이다 세존이시여!**

30 - 02 **어찌하여 그러하나이까? 이 미진들이 실**

로 있는 것이라고 한다면 부처님께서는 이 미진들을 설하지 않으시기 때문이나이다. 그 까닭이 무엇이나이까? 부처님께서는 미진들을 아닌미진들이라고 설하시옵고 이를 미진들이라고 이름하기 때문이나이다.

30 - 03 세존이시여! 여래께서는 삼천대천세계를 아닌세계라고 설하시옵고 이를 세계라고 이름하나이다.

30 - 04 어찌하여 그러하나이까? 세계가 실로 있는 것이라고 한다면 그것은 일합상이기 때문이나이다. 여래께서는 일합상을 아닌일합상이라고 설하시옵고 이를 일합상이라고 이름하나이다.

30 - 05 수보리야! 일합상이라고 하는 것은 설할 수 없느니라. 다만 범부의 사람들이 그 일에 탐착할 뿐이니라.

31분 지견을 내지 마라라

31 - 01 수보리야! 어떤 사람이 붇다는 아견 인견 중생견 수자견을 설한다 하고 말한다면, 수보리야! 너의 뜻에는 어떠한가? 이 사람이 내가 설하는 뜻을 이해했다 하랴? 세존이시여! 이 사람은 여래께서 설하시는 뜻을 이해하지 못하였나이다.

31 - 02 어찌하여 그러하나이까? 세존께서는 아견 인견 중생견 수자견을 아닌 아견 인견 중생견 수자

견이라고 설하시옵고 이를 아견 인견 중생견 수자견이라고 이름하기 때문이나이다.

31 - 03 수보리야! 아누다라삼먁삼보리의 마음을 일으킨 사람은 일체의 법에서 반드시 이와 같이 알고 이와 같이 보고 이와 같이 믿고 이와 같이 깨달아서 법상을 내지 말아야 하리라.

31 - 04 수보리야! 말한바 법상이라고 하는 것을 여래는 아닌법상이라고 설하고 이를 법상이라고 이름하느니라.

32분 응신과 화신은 진신이 아니다

32 - 01 수보리야! 어떤 사람이 헤아릴 수 없는 아

승기의 세계에 칠보를 가득 채워 가지고서 보시를 한다고 하여도, 선남자 선여인이 보살심을 일으키어 이 경 내지 사구게 등을 수지하고 독송하고 남을 위하여 연설하면 그 복이 저보다 수승하리라.

32 - 02 어떻게 남을 위하여 연설하랴!

32 - 03 상을 취하지 말고 흔들리지 말고 여여 하게 하여라.

32 - 04 어찌하여 그러한가?

　일체 유위의 법은
　꿈같고 환같고 거품같고 그림자같고
　이슬같고 번개같으니
　반드시 이와 같이 보아라

33분 믿고 받고 받들고 행하였다

33 - 01 부처님께서 금강반야바라밀경을 설하여 마치시었다. 장로 수보리와 모든 비구 비구니 우바새 우바이와 일체 세간의 하늘과 인간과 아수라가 부처님께서 설하신 말씀을 듣고 환희 충만하여 금강반야바라밀경을 믿고 받고 받들고 행하였다.

진언 나모 바가바테 프라야 파라미타예 옴 이리티 이실리 슈로다 비샤야 비샤야 사바하

- 본 『한글금강경』은 -

1. 『고려대장경』 제5권 소재 구마라집의 역본을 저본으로 하였습니다.
2. 각 분의 단락은 소명태자의 32분에서 유통분을 별립하여 33분으로 하였습니다.
3. 각 절의 단락은 함허선사의 『금강경오가해 설의』를 참고하였습니다.
4. 참고문헌은 다음과 같습니다.
   1) 현장, 『능단금강반야바라밀경』(『대정장』 권7)
   2) 함허, 『금강경오가해 설의』(서울: 보련각, 1982)
   3) 청담, 『금강경대강좌』(서울: 보성문화사, 1987)
   4) 월운, 『금강반야바라밀경강화』(서울: 보현각, 1993)
   5) 승가대학원, 『금강경전서』(서울: 대한불교조계종, 1997)
   6) 각묵, 『금강경 역해』(서울: 불광출판부, 2001)
   7) 자선(연관 역), 『금강경간정기』(전북남원: 선우도량, 불기2540)
   8) 김무봉, 『금강경언해 주해』(서울: 동학문학회, 1993)
   9) 임석진, 『금강경대사전』(경기: 불교통신교육원, 1998).
   10) 이기영, 『반야심경·금강경』(한국불교연구원)
5. '非'는 '아닌'으로, '非非'는 '아닌아닌'으로 번역하였습니다.(예, '非身相'은 '아닌신상', '非法'은 '아닌법', '非非法' '아닌아닌법')
6. 『반야심경』에서는 '無(무, 없음)'와 '청정'을 같은 의미로 해석하였으며, '行(행, 무상, 유위의 법, 느낌과 생각이외의 심리적 작용, 잠재적 형성력, 맹목적 마음의 흐름)'을 '흐름'이라고 번역하였습니다.

발

　제가 어떻게 부처님의 말씀을 온전히 알 수 있겠습니까. 백 천만 억 분의 일이라도 이해할 수만 있다면 그 보다 더 큰 행복 그보다 더 큰 기적은 없으리라 생각합니다. 제가 20여 년 전에 청신남녀 불자님들과 함께 금강경독송회를 만들고 날이면 날마다 달이면 달마다 해해 연년 『금강경』을 독송하였던 때가 있었습니다.

　지금도 마찬가지이지만 안타까움과 아쉬움이 마음에 남아 있었던 것은 한문으로만 이루어진 경전을 독송하게 된다는 것이었습니다. 저는 또한 그렇다고 하더라도 한글세대의 불자님과 한문을 해득하지 못하는 재가 불자님들에게는 『금강경』의 독송과 신앙이 힘겹게 여겨진다는 것을 느끼지 않을 수 없었고, 이러한 불자님들의 어려움을 도와주지 못한다는 것이 저에게는 항상 죄책감으로 남아 있게 되었습니다.

　그 이후 불사에 골몰하게 되었고 주경야독의 시간을 보내지 않으면 안 되었습니다. 그러던 중 2·3년 전에 젊은 불자님들이 발심하여 금강경공부 하기를 원하였고, 저는 이를 기회로 한글로만 이루어진 『금강경』을 신앙하고 독송하고 공부할 수 있도록 하여야 되겠다는 발원을 하게 되었습니다. 물론 훌륭한 분들의 좋은 한글 역본이 없는 것은 아니지만, 다시 여러 본의 경전과 고명하신 선배님들의 역주를 참고하여, 쉬운 우리말과 간결한 문장으로 번역을 완성하고『한글 금강경』이라 이름 하였습니다. 처음 마음에는 알기 쉽고 이해하기 쉬운 강독서를 함께 출판하기로 발원하였습니다만 다급한 다른 과업 때문에 강독서는 다음 기회로 미루지 않으면 안 되었습니다.

미흡함이 많은 이『한글 금강경』을 출판하고자 한다는 것은 부끄럽기 짝이 없는 일이지만, 다만 처음 발심 하는 어린 불자들에게 반야의 한 방울 감로수를 맛보게 하고, 부처님을 향하여 한 발짝 다가서는 기틀을 마련해 주어야 되겠다는 염원 때문에 부끄러움을 무릅쓰고 이 경전을 출판하게 되었습니다. 언제나 늘『한글 금강경』을 가깝게 두고, 깊은 사유와 끈기 있는 신앙으로 온전한 반야를 깨달으시기 바랍니다.

나무 금강반야바라밀경!

불기 2546(2002)년 늦은 봄날
왕금산 현불사 취정선원에서 적멸 합장

관세음보살님경

관세음보살님경

비구보살 적멸 한글역

25품 관세음보살님의 넓은 문

25 - 01 그때에 다함없는마음보살이 자리에서 일어나 웃옷을 한편으로 걸쳐 오른쪽 어깨를 드러내고 오른쪽 무릎을 땅에 대고 두 손 모아 공경하며 부처님을 향하여 사뢰어 말하였다. 세존이시여! 관세음보살께서는 그 무슨 인연으로 관세음이라고 이름하나이까?

25 - 02 부처님께서 다함없는마음보살에게 이르시었다. 선남자야! 백 천 만 억 한량없는 중생들이 온갖 고뇌를 받는다고 하여도, 관세음보살이 있음을 듣고 일심으로 그 이름을 부른다면, 관세음보살이 즉시에 음성을 비춰보고 모두 다 해탈을 얻게 하느니라. 이러한 인연으로 관세음이라고 이름하느니라.

25 - 03 어떤 사람이든지 일념으로 관세음보살의 이름을 부른다면 설사 큰 불 속에 들어간다고 하여도 불이 능히 태우지 못하며, 큰물에 표류한다고 하여도 그 이름을 부른다면 얕은 데에 닿게 되며, 백 천 만 억 중생들이 황금 다이아몬

드 루비 사파이어 산호 호박 진주 등의 귀한 보물을 구하기 위하여 큰 바다를 지나갈 때에 태풍이 불어 닥쳐 배가 표류하여 나찰귀의 나라에 떨어진다고 하여도, 그 중에서 다만 한 명만이라도 관세음보살의 이름을 부르는 사람이 있다고 한다면 이 사람들은 모두 다 나찰의 환란에서 해탈을 얻게 되리니, 이 보살의 위신력 때문이니라.

25 - 04 다시 어떤 사람이 해를 입게 되었을 때에 관세음보살의 이름을 부른다면, 해치려는 그 사람이 잡고 있는 칼과 막대기가 토막토막 부서져서 그 고비에서 해탈을 얻게 되리로다.

25 - 05 삼천대천 국토에 도깨비와 귀신들이 가득히 몰려와서 사람을 뇌란시키려고 하여도, 관세음보살의 이름을 부르는 그 음성을 듣게 된다면 모든 악귀가 악의 눈초리로 보지도 못하려니 하물며 해치려 들까 보냐.

25 - 06 설사 어떤 사람이 죄가 있거나 죄가 없거나, 수갑 형틀 밧줄 쇠줄에 그 몸이 매여 있다고 하여도, 관세음보살의 이름을 부른다면 그 모두가 끊어지고 부서져서 즉시에 해탈을 얻게 되리로다.

25 - 07 삼천대천 국토에 도둑이 가득하거늘, 한 사람의 물주가 여러 상인을 거느리고 귀한

보물을 지닌 채로 험한 길을 지나갈 때에 그 중의 한 사람이, 선남자들아! 두려워 말고 너희는 응당 한마음이 되어 관세음보살의 명호를 불러라. 이 보살이 모든 중생들에게 안전을 베푸시나니, 너희가 그 이름을 부른다면 도둑의 공포에서 해탈하게 되리로다. 이렇게 소리쳐서 여러 상인들이 듣고 함께 소리 내어 나무관세음보살이라고 한다면, 그 이름을 부른 까닭에 즉시 해탈을 얻게 되리로다.

25 - 08 다함없는마음아! 관세음보살 마하살의 크고 큰 위신력이 이와 같이 높고도 높으니라.

25 - 09 어떤 중생이 음욕 많아도 관세음보살

을 항상 생각하고 공경하면 음욕을 떠나게 되며,

25 - 10 성내는 마음이 많아도 관세음보살을 항상 생각하고 공경하면 성내는 마음을 떠나게 되며,

25 - 11 어리석음이 많아도 관세음보살을 항상 생각하고 공경하면 어리석음에서 벗어나게 되리로다.

25 - 12 다함없는마음아! 관세음보살에게는 이와 같은 위신력이 있어서 이익 끼침 많거니, 이러한 까닭에 중생들은 항상 마음에 생각하여야 하느니라.

25 - 13 어떤 여인이 딸을 얻기 위하여 관세음

보살에게 예배와 공양을 올린다고 한다면, 전생에 선근을 심어 모든 사람의 사랑과 존경을 받게 되는 복덕과 지혜가 구비된 단정하고 아름다운 모습의 딸을 낳게 되며, 아들을 얻기 위하여 관세음보살에게 예배와 공양을 올린다고 한다면, 전생에 선근을 심어 모든 사람의 존경과 사랑을 받게 되는 복덕과 지혜가 구비된 늠름하고 씩씩한 모습의 아들을 낳게 되리로다.

다함없는마음아! 관세음보살에게는 이와 같은 권능이 있느니라. 어떤 사람이든지 관세음보살을 공경하고 예배한다면 그 복이 헛되지 않으리니, 그러기에 중생들은 모두 다 관세음보살의 명호를 수지 하여야 하느니라.

　다함없는마음아! 어떤 사람이 육십이 억 항하사 보살의 명호를 수지하고 다시 그 목숨이 다하도록 음식과 의복과 침구와 의약으로 공양을 올린다고 한다면, 너의 뜻에는 어떠한가? 이 선남자 선여인의 공덕이 많다하랴 적다하랴! 다함없는마음이 아뢰었다. 매우 많다 하리다 세존이시여! 부처님께서 이르시었다. 다시 어떤 사람이 관세음보살의 명호를 수지하거나 한 때라도 예배하고 공양을 올린다고 한다면, 이 사람의 공덕은 앞사람의 공덕과 조금도 차이가 없어서 백천 만 억 겁이 지난다고 하여도 다 하는 일이 없으리라. 다함없는마음아! 관세음보살의 명호를 수지하면 이와 같이 한량없고 가없는 복덕을 얻으리로다.

25 - 14 다함없는마음보살이 부처님께 사뢰어 말하였다. 세존이시여! 관세음보살께서는 이 사바세계에서 어떻게 중생들을 제도하시며, 어떻게 중생들에게 설법하시며, 그 방편의 힘은 어떠하나이까?

25 - 15 부처님께서 다함없는마음보살에게 이르시었다. 선남자야! 그 국토의 중생을 부처님의 몸으로써 제도할 사람은 관세음보살이 부처님의 몸으로 나타나 법을 설하며, 벽지불의 몸으로써

제도할 사람은 벽지불의 몸으로 나타나 법을 설하며, 성문의 몸으로써 제도할 사람은 성문의 몸으로 나타나 법을 설하며,

25 - 16 하느님의 몸으로써 제도할 사람은 하느님의 몸으로 나타나 법을 설하며, 창조주의 몸으로써 제도할 사람은 창조주의 몸으로 나타나 법을 설하며, 주재신의 몸으로써 제도할 사람은 주재신의 몸으로 나타나 법을 설하며, 자재천의 몸으로써 제도할 사람은 자재천의 몸으로 나타나 법을 설하며, 하늘대장군의 몸으로써 제도할 사람은 하늘대장군의 몸으로 나타나 법을 설하며, 비사문의 몸으로써 제도할 사람은 비사문의

몸으로 나타나 법을 설하며,

25 - 17 대통령이나 작은 왕의 몸으로써 제도할 사람은 대통령이나 작은 왕의 몸으로 나타나 법을 설하며, 장자의 몸으로써 제도할 사람은 장자의 몸으로 나타나 법을 설하며, 거사의 몸으로써 제도할 사람은 거사의 몸으로 나타나 법을 설하며, 관리의 몸으로써 제도할 사람은 관리의 몸으로 나타나 법을 설하며, 바라문의 몸으로써 제도할 사람은 바라문의 몸으로 나타나 법을 설하며,

25 - 18 비구 비구니와 우바새 우바이의 몸으로써 제도할 사람은 비구 비구니와 우바새 우바

이의 몸으로 나타나 법을 설하며,

25 - 19 장자나 거사나 관리나 바라문의 부인 몸으로써 제도할 사람은 그 부인의 몸으로 나타나 법을 설하며, 소년 소녀의 몸으로써 제도할 사람은 소년 소녀의 몸으로 나타나 법을 설하며,

25 - 20 천 용 야차 건달바 아수라 가루라 긴나라 마후라가 등 인비인의 몸으로써 제도할 사람은 그 몸으로 나타나 법을 설하며, 금강신장의 몸으로써 제도할 사람은 금강신장의 몸으로 나타나 법을 설하느니라.

25 - 21 다함없는마음아! 관세음보살이 이와 같은 공덕을 성취하고는 갖가지 모습으로 모든 국

토 다니면서 중생 제도하느니라.

25 - 22 이러한 까닭에 너희 등은 일심으로 관세음보살에게 공양을 올리어야 하느니라. 관세음보살이 공포에 떠는 위난 속에서도 능히 안전을 부여하나니, 그러므로 사바세계의 사람들이 두려움 없음을 베푸는 성자라고 부르는 도다.

25 - 23 다함없는마음보살이 부처님께 사뢰어 말하였다. 세존이시여! 제가 이제 관세음보살에게 공양을 올리려고 하나이다. 그리고는 곧바로 금 백 천 량의 가치가 나가는 보배 진주 목걸이를 풀어 관세음보살에게 드리려고 하면서 사뢰어 말하였다. 인자여! 법시의 이 보배 목걸이를

받으소서! 때에 관세음보살께서 받지 않으려 하시거늘 다함없는마음보살이 거듭 관세음보살에게 사뢰어 말하였다. 인자여! 저희 등을 가엾게 여기시어 법시의 이 목걸이를 받으소서!

그때에 부처님께서 관세음보살에게 이르시었다. 다함없는마음보살과 사부대중과 천 용 야차 건달바 아수라 가루라 긴나라 마후라가 등의 인비인을 가엾게 생각하는 마음으로 그 목걸이를 받을지어다. 이 말씀을 듣고 관세음보살께서 모든 사부대중과 천 용 등 인비인을 가엾게 생각하여 그 목걸이를 받으시고, 둘로 나누어서 하나는 석가모니부처님께 바치시었고 다른 하나는 다보불탑에 바치시었다.

25 - 24 다함없는마음아! 관세음보살이 이렇게 자재한 신력을 가지고서 사바세계에 유행하고 있느니라.

25 - 25 그때에 다함없는마음보살이 게송으로 사뢰어 물으셨다.

묘상 갖춘 세존께

거듭 여쭈옵나니

저 불자에게 어떤 인연 있기에

관세음이라고 하나이까

25 - 26 묘상 갖춘 세존께서 게송으로 답하셨다

서원 깊기 바다 같아

온갖 곳에 응현하는
관음 선행 잘 들어라
헤아릴 수 없이 오랜 겁을
기천 억 붇다 섬겨
청정 대원 발한 것을
너희 위해 설하리라
불명 듣고 불신 뵙고
마음에 염원하여
헛되지 않았기에
세상 고액 없애도다
25 - 27 해치려는 뜻을 내어
불구덩이에 떨어뜨린다고 하여도

관음의 힘 염원하면

변하여 못 물 되며

큰 바다에 표류하여

용과 고기 귀신들이 해치려 한다 해도

관음의 힘 염원하면

물결이 못 삼키며

25 - 28 수미산 봉우리서

밀리어 떨어져도

관음의 힘 염원하면

공중에 안주하기 해와 같으며

악인에 쫓기어

금강산서 떨어져도

관음의 힘 염원하면

털끝 하나 안 다치며

25 - 29 원수나 도적들이

칼을 들고 죽이려 해도

관음의 힘 염원하면

자비심 일으키며

25 - 30 나라의 핍박받아

처형되려 할 때라도

관음의 힘 염원하면

칼이 조각조각 부서지며

25 - 31 밧줄 쇠줄 수갑으로

손발이 묶여도

관음의 힘 염원하면

깨끗이 풀려나며

25 - 32 저주나 독약으로

해치려 한다 해도

관음의 힘 염원하면

도리어 그 사람에게 돌아가며

25 - 33 도깨비나 귀신 등을

혹시 만나도

관음의 힘 염원하면

해치지를 못하며

맹수가 에워싸서

이빨 발톱 무섭다 해도

관음의 힘 염원하면

먼 곳으로 도망치며

갖가지 독룡들이

불같은 독기를 뿜어 대어도

관음의 힘 염원하면

즉시 각기 돌아가며

번개와 뇌성벽력

우박 큰 비 퍼부어도

관음의 힘 염원하면

삽시간에 흩어지며

25 - 34 소송하는 관청이나

공포의 전쟁에서도

관음의 힘 염원하면

원한이 흩어지고 적군이 물러나리

불행 만나 고액이

끝없이 닥친대도

관음의 지혜력이

세간 고액 구하리라

25 - 35 신통력을 갖추고

지혜 방편 널리 닦아

시방 세계 어디에나

현신 안 함 없느니라

갖가지 악취와

지옥 아귀 축생 등의

생로병사 그 고통을

남김없이 멸하여서 즉시 구제하리로다

25 - 36 진실의 눈과 청정의 눈과

대자의 눈과 대비의 눈과

넓고 큰 지혜의 눈을

항상 염원하여 우러러볼지어다

25 - 37 밝은 빛 지혜의 해

모든 어둠 깨뜨리며

풍 수 화재 능히 없애

세상 밝게 비췸이여

25 - 38 대비의 마음에

대자의 큰 구름이 일어나고

계행의 우레가 치니

감로의 비가 내려 번뇌의 불을 끄는 도다

25 - 39 묘음 관세음

범음 해조음이

세간 소리 이기리니

생각 생각 염원하여

조금도 의혹 마라

25 - 40 죽을 액난 당하여도

성스러운 관세음이

의지할 바 능히 되리

온갖 공덕 갖추고서

자비의 눈으로 중생을 보살피니

무량 복덕 가지신 분
응당 정례할지어다

25 - 41   그때에 지장보살이 자리에서 일어나 부처님께 사뢰어 말하였다. 세존이시여! 중생으로써 관세음의 자재한 행업과, 넓은 문으로 몸을 나타내시는 그 권능을 알아들은 사람의 공덕은 끝이 없음을 알겠나이다.

25 - 42   부처님께서 관세음보살님의 넓은 문을 설하여 마치시었다. 대중가운데의 팔만사천 중생이 부처님께서 설하신 말씀을 듣고 환희 충만하였으며, 비할 바 없는 아누다라삼먁삼보리의 마음을 일으켰느니라.

20품 언제나가볍게여기지않는보살님

20 - 01 그때에 부처님께서 득력대세보살 마하살에게 이르시었다. 너는 이제 반드시 알아라. 법화경을 수지하는 비구 비구니와 우바새 우바이를 악한 말로 꾸짖고 욕하고 비방하면 큰 죄의 과보를 받음이 앞에서 설한 바와 같으며, 법화경을 수지하는 사람이 얻는 공덕도 또한 앞에서 설한 바와 같아서 눈과 귀와 코와 혀와 몸과 마음이 청정하게 되리라.

20 - 02 득력대세야! 한량없고 가없고 불가사의한 아승기의 겁을 지난 오랜 옛날에 한 부처님

이 계셨으니, 이름이 위엄음성왕 여래 응공 정변지 명행족 선서 세간해 무상사 조어장부 천인사 불세존이시라. 겁의 이름은 쇠퇴를여읨이었으며 나라의 이름은 대성공이었느니라.

　위엄음성왕부처님께서 그 세상 가운데의 하늘과 인간과 아수라를 위하여 설법하시되 성문이 되기를 바라는 사람들에게는 사성제의 법을 설하시어 생로병사를 면하고 열반에 이르도록 하셨고, 벽지불이 되기를 바라는 사람들에게는 십이인연의 법을 설하시어 연기를 깨닫도록 하셨고, 모든 보살들에게는 아누다라삼먁삼보리의 요인이 되는 육바라밀의 법을 설하시어 부처님의 지혜에 이르게 하셨느니라.

 득력대세야! 위엄음성왕부처님의 수명은 사십만억 나유타 항하사의 겁이었으며 정법이 세상에 머물렀던 겁의 수는 한 염부제의 미진 수와 같았고 상법이 세상에 머물렀던 겁의 수는 사천하의 미진 수와 같았느니라.

 그 부처님께서 중생을 요익하게 한 후에 멸도하시었고 이어서 정법과 상법이 멸하여 다한 뒤 그 국토에 다시 부처님이 나시었으니, 또한 이름이 위엄음성왕 여래 응공 정변지 명행족 선서 세간해 무상사 조어장부 천인사 불세존이시라. 이와 같은 차례로 이만 억의 부처님이 나시었으니 다 동일한 이름이셨느니라.

20 - 03 그 최초의 위엄음성왕여래께서 이미 멸도 하시었고, 정법 또한 사라진 후 상법의 세상에서 증상만의 비구들이 큰 세력을 이루었느니라. 그때에 한 보살비구가 있었으니 이름이 언제나가볍게여기지않는사람이라.

20 -04 득력대세야! 그 무슨 까닭으로 이름이 언제나가볍게여기지않는사람이었던가? 이 비구가 무릇 눈에만 띄면 비구거나 비구니거나 우바새거나 우바이거나 그들을 예배하고 찬탄하며 이와 같이 말하였다. 나는 너희 등을 깊이 존경하며 감히 업신여기지 아니하노라. 그 까닭이 무

엇이뇨? 너희 등은 다 보살도를 행하여 반드시 부처님이 될 것이기 때문이니라.

20 - 05 이 비구가 경전을 독송하는 데에는 전념하지 아니하고 다만 예배를 행하였을 뿐이니, 멀리서 사부대중을 보더라도 일부러 찾아가서 예배하고 찬탄하며 이와 같이 말하였다. 나는 너희 등을 가볍게 여기지 아니하노라. 너희 등은 반드시 부처되리로다.

20 - 06 사부대중 가운데는 성도 잘 내고 마음도 깨끗하지 못한 사람들이 있어서 악한 말로 꾸짖고 욕하며 이렇게 말하였다. 이 어리석고 무지한 비구가 어디에서 왔기에 나는 너를 가볍게

여기지 않노라고 스스로 말하고 우리들에게 수기를 주어 반드시 부처 되리라고 하는가? 우리들은 이와 같은 허망한 수기를 받지 않겠노라.

이와 같이 여러 해 동안을 돌아다니며 항상 비웃음과 욕을 들었을지라도 성내지 아니하고 이렇게 말하였다. 너희는 반드시 부처되리로다. 그가 이런 말을 하였을 때에 대중들이 몽둥이로 때리고 기와나 돌을 던졌으나, 피하여 멀리 가서는 오히려 큰 소리로 외쳐 말하였다. 나는 감히 너희 등을 가볍게 여기지 아니하노라. 너희 등은 반드시 부처되리로다.

20 - 07 항상 이런 말을 하였던 까닭에 증상만

의 비구 비구니와 우바새 우바이들이 호를 언제나 가볍게여기지않는사람이라고 하였느니라.

20 - 08 이 비구가 임종하고자 할 때에 허공으로부터 들려오는 위엄음성왕부처님께서 전일에 설하셨던 법화경 이십 천 만 억의 게송을 모두 듣고, 이를 다 능히 수지하여서 위에서 설한 바와 같은 안근의 청정과, 이근의 청정과, 비근의 청정과, 설근의 청정과, 신근의 청정과, 의근의 청정을 얻었느니라. 이와 같이 육근의 청정을 얻고는 다시 수명이 늘어나 이백 만 억 나유타 해 동안 널리 남을 위하여 법화경을 설하였느니라.

20 - 09 때에 이 사람을 경시하고 천시하여 언

제나가볍게여기지않는사람이라고 불렀던 증상만의 사부대중인 비구 비구니와 우바새 우바이들이 이 보살의 큰 신통의 힘과, 요설변재의 힘과, 큰 선적의 힘을 보고는, 설하는 바의 법을 듣기 위하여 모두가 다 믿고 따르고 순종하였느니라. 이 보살이 다시 천 만 억의 중생을 교화하여 아누다라삼먁삼보리에 이르게 하였느니라.

20 - 10 명을 마친 후에는 이천 억의 부처님을 만나 뵈었으니, 그 모든 부처님의 이름이 다 같이 일월등명불이시라, 이 모든 부처님의 법 가운데에서도 법화경을 설하였느니라. 이러한 인연으로 다시 이천 억의 부처님을 만나 뵈었으니, 그

모든 부처님의 이름이 한결같이 구름자재등불왕이시라, 이 모든 부처님의 법 가운데에서도 법화경을 수지하고 독송하고 사부대중을 위하여 설하였느니라. 이렇게 하였던 까닭에 언제나 눈이 청정하였고, 귀가 청정하였고, 코가 청정하였고, 혀가 청정하였고, 몸이 청정하였고, 마음이 청정하였으며, 사부대중 가운데에서 법을 설하였어도 마음에 두려움이 없었느니라.

　득력대세야! 언제나가볍게여기지않는보살마하살이 이와 같이 모든 부처님에게 공양을 올리고 공경하고 예배하고 찬탄하여 온갖 선근을 심었으며, 후에 다시 천 만 억의 부처님을 만나 뵈었고, 그 모든 부처님의 법 가운데에서도 또한 법화경을 설하여 공덕을 성취하였기에 의당 부처될 수 있었느니라.

20 - 11 득력대세야! 너의 뜻에는 어떠한가? 그때의 언제나가볍게여기지않는보살이란 어찌 다른 사람이랴! 지금 나의 몸이 바로 이 사람이었느니라. 내가 숙세에서 법화경을 수지하고 독송하고 남을 위하여 설하지 아니 하였다고 한다면 이렇게나 빨리 아누다라삼먁삼보리를 얻지 못하였으리라. 내가 먼저 세상의 부처님 처소에서 법화경을 수지하고 독송하고 남을 위하여 설하였던 까닭에 이렇게나 빨리 아누다라삼먁삼보리를

얻게 되었느니라.

 득력대세야! 그때의 사부대중인 비구 비구니와 우바새 우바이들이 성내는 마음으로 나를 경시하고 천시하였던 까닭에 이백 억 겁 동안이나 부처님을 만나지 못하였고, 법을 듣지 못하였고, 스님을 보지 못하였으며, 천 겁 동안이나 아비지옥에 떨어져서 큰 고뇌를 받다가 죄를 다 마친 다음에야 다시 언제나가볍게여기지않는보살의 교화를 만나 아누다라삼먁삼보리를 얻게 되었느니라.

20 - 12 득력대세야! 너의 뜻에는 어떠한가? 그때의 사부대중으로 항상 이 보살을 가볍게 여겼

던 사람이란 어찌 다른 사람이랴! 모두가 다 아누다라삼먁삼보리에서 불퇴전하고 있는 지금 이 모임 가운데의 발타바라 등의 오백 보살과 사자월 등의 오백 비구 비구니와 니사불 등의 오백 우바새 우바이가 바로 이 사부대중이었느니라.

20 - 13 득력대세야! 반드시 알아라, 이 법화경은 모든 보살마하살을 크게 요익하게 하며 능히 아누다라삼먁삼보리에 이르게 하느니라. 이러한 까닭에 모든 보살마하살은 여래가 멸도 한 후에라도 항상 이 법화경을 수지하고 독송하고 해설하고 서사해야 하느니라.

20 - 14 그때에 세존께서 거듭 이 뜻을 펴려고

하사 게송으로 설하여 말씀하시었다.
과거에 한 부처님이 계시었으니
이름이 위엄음성왕이시라
한량없는 신통과 지혜로써
일체중생을 인도하시니
하늘과 인간과 아수라가
정성스런 공양을 올리었도다
이 부처님께서 멸도 하신 후
법이 다하려 할 때에
한 보살비구가 있었으니
이름이 언제나가볍게여기지않는사람이라
그때의 사부대중들이

그릇된 법에 집착하거늘
언제나가볍게여기지않는보살이
그곳에 찾아가서
이렇게 말하였다
나는 너희 등을 가볍게 여기지 아니하노라
너희 등은 보살도를 행하여
반드시 부처되리로다
듣고 난 여러 사람들이
경시하고 헐뜯고 꾸짖고 욕하여도
언제나가볍게여기지않는보살은
능히 다 받고 참았느니라
숙세의 죄가 끝나고

명을 마칠 때에 이르러서
법화경을 듣고
육근의 청정과
신통력을 얻었기에
수명이 다시 늘었노라
거듭 모든 사람들을 위하여
널리 법화경을 설했으니
법에 집착했던 사람들이
이 보살의
교화와 성취에 힘입어
불도에 머물게 되었느니라
언제나가볍게여기지않는보살이 명을 마친 후에도

무수한 부처님을 만나 뵈었고

무수히 이 경전을 설했던 까닭에

한량없는 복을 받고

점차 공덕을 갖추어서

빨리 불도를 이루었느니라

20 - 15 그때의 가볍게여기지않는보살이란

지금 나의 몸이 바로 이로다

그때의 사부대중으로

법에 집착했던 사람들이

너희 등은 반드시 부처되리로다 하는

언제나가볍게여기지않는보살의 말을 들었기에

이 인연으로

셀 수 없는 부처님을 만나 뵈었으니
이 모임 가운데의
보살 오백 대중과
아울러 사부대중의
비구 비구니 청신사 청신녀 등
지금 나의 앞에서
법을 듣고 있는 사람들이 바로 이로다
20 - 16 나는 지난 세상에서
모든 사람들에게 권하여
법화경을 듣게 하고 받게 하였으며
으뜸가는 이 법으로
사람들을 가르쳐서

열반에 머물도록 열어 보였고
세세생생 이 경전을
수지 하게 하였도다
억 억 만 만 겁에서
불가사의 겁에 이르러서야
때에 이 법화경을
들을 수 있게 되며
억 억 만 만 겁에서
불가사의 겁에 이르러서야
제불 세존께서
때에 이 법화경을 설하시나니
이러한 까닭에 행자는

부처님 멸도 후에라도
이 경전을 듣거든
조금도 의혹 말고
응당 일심으로
널리 이 경전을 설하여라
세세생생 부처님을 만나
어서 빨리 불도를 이루리로다

5품 약초 비유

05 - 01　그때에 세존께서는 마하가섭과 여러 큰 제자들에게 이르시었다. 어질고 어질도다. 가섭아! 여래의 참된 공덕을 잘 설하였느니라. 진실로 말한 바와 같으니라.

05 - 02　여래에게는 다시 또 헤아릴 수 없고 가없는 아승기의 공덕이 있나니, 너희 등에게 설사 무량억겁 동안을 설한다고 하여도 다 할 수 없으리라.

05 - 03　가섭아! 반드시 알아라. 여래는 모든 법의 왕이라, 설하는 바의 그 법이 허망하지 않

느니라. 여래는 지혜의 방편으로 일체의 법을 연설하고, 설하는 바의 그 법으로 모두에게 일체 지혜의 지위에 이르게 하느니라.

05 - 04 여래는 일체 모든 법의 돌아갈 바 의취를 관하여 알고 있으며, 일체 중생들이 행하고 있는 깊은 마음을 관하여 알고 있으며, 그 모든 법을 통달하여 걸림이 없느니라. 다시 또 모든 법을 궁극까지 명료하게 밝혀서, 그 모든 중생들에게 일체의 지혜를 열어 보이느니라.

05 - 05 가섭아! 비유하건대 삼천대천세계의 산천과 계곡과 토지에서 자라나는 풀꽃이나 나무나 빽빽한 숲이나 여러 가지 종류의 많은 약초

가 이름이나 모양은 제각기 다르다고 하여도,

05 - 06 짙은 구름이 가득히 퍼져 삼천대천세계를 두루 덮고 일시에 균등하게 비를 퍼부어서 그 윤택함이 널리 스며들어 젖으면,

05 - 07 풀꽃이나 나무나 빽빽한 숲이나 여러 가지 약초의 작은 뿌리 작은 줄기 작은 가지 작은 잎들과, 중간 뿌리 중간 줄기 중간 가지 중간 잎들과, 큰 뿌리 큰 줄기 큰 가지 큰 잎들과, 여러 가지 풀이나 나무들이 대 소와 상 중 하에 따라서 제각기 비의 젖음을 받게 되는 것과 같으며, 한 구름에서 내린 비가 종자와 성품에 서로 맞아서 성장하고 꽃이 피고 열매를 맺는 것

과도 같으니라.

05 - 08 비록 한 땅에서 자라나고 같은 비에 젖는다고 하여도 여러 가지 풀이나 나무들은 저마다 차별이 있느니라.

05 - 09 가섭아! 반드시 알아라, 여래도 다시 이와 같아 세상에 출현함은 큰 구름이 일어남과 같으며, 큰 음성으로 온 세상의 하늘과 인간과 아수라에게 널리 두루 들리게 함은 큰 구름이 삼천대천 국토를 두루 덮음과도 같으니라.

05 - 10 대중들에게 소리 높여 이렇게 말하노라! 나는 여래 응공 정변지 명행족 선서 세간해 무상사 조어장부 천인사 불세존이니, 건너지 못

한 사람을 건너게 하며, 해탈하지 못한 사람을 해탈하게 하며, 편안하지 못한 사람을 편안하게 하며, 열반 얻지 못한 사람을 열반 얻게 하리라. 금세 후세를 여실히 알고 있나니, 나는 일체를 아는 사람이며, 일체를 보는 사람이며, 길을 아는 사람이며, 길을 여는 사람이며, 길을 가리키는 사람이니, 너희 등 하늘과 인간과 아수라 대중들은 법을 듣기 위하여 여기에 다 오라.

그때에 무량하고 무수한 중생들이 붇다가 있는 곳에 이르러 와서 법을 듣느니라.

05 - 11 때에 여래는 이 중생들의 근기가 날카로운가 둔한가 부지런한가 게으른가를 관하여,

감당할 수 있는 바에 따라 헤아릴 수 없이 많은 법을 갖가지로 설하고, 모든 사람에게 환희와 행복과 안락과 이익을 얻게 하느니라.

05 - 12 모든 중생들이 법을 듣고는 현세에서는 마음의 평화를 얻게 되고, 죽어서는 좋은 곳에 태어나 도를 성취하느니라. 그리고는 많은 복락을 누리게 되며, 또 다시 법을 듣게 되느니라. 법을 듣고 나서는 모든 장애를 없애고, 모든 법 가운데서 할 수 있는 바의 힘에 따라 점차 깨달음을 이루게 되느니라.

마치 저 큰 구름이 모든 풀꽃이나 나무나 빽빽한 숲이나 여러 가지 약초에 비를 내려주면,

그 종자와 성품이 흡족한 비에 듬뿍 젖어 제각기 자라남과도 같으니라.

05 - 13 여래가 설하는 법은 한 모습 한 맛이라, 이른바 해탈의 상이며 여읜 상이며 멸진의 상이니, 구경에는 모든 중생들을 일체종지에 이르게 하느니라.

 그 어떤 중생들이 여래의 법을 듣고서는 수지하고 독송하고 설함과 같이 닦는다고 하여도, 얻는 바의 공덕을 스스로는 알지도 못하고 깨닫지도 못하느니라. 그 까닭이 무엇인가? 오직 여래만이 중생들의 종성과 본성과, 무엇을 염원하며 무엇을 생각하며 무엇을 닦으며, 어떻게 염원하며 어떻게 생각하며 어떻게 닦으며, 무슨 법으로써 염원하며 무슨 법으로써 생각하며 무슨 법으로써 닦으며, 어떤 법으로써 무슨 법을 얻어야 하는지를 알고 있기 때문이니라.

중생들이 머물고 있는 갖가지의 처지를 오직 여래만이 여실히 보고 명료하게 알아서 걸림이 없나니, 저 풀꽃이나 나무나 빽빽한 숲이나 여러 가지 약초들이 스스로는 대 소와 상 중 하의 성품을 알지 못하지만, 여래는 이를 남김없이 알고 있는 것과도 같으니라.

05 - 14 한 모습 한 맛의 이 법은 이른바 해탈의 상이며 여읜 상이며 멸진의 상이며, 구경열반

으로 언제나 적멸의 상이니, 마침내 공으로 돌아감을 붇다는 알고 있으나, 중생들의 소망을 살피고 도와서 지켜주려고 하는 까닭에 일체종지를 곧바로 설하지는 않는 도다.

여래의 수의설법을 알고 있고, 믿고 있고, 수지하고 있는 가섭과 너희 등은 매우 희유하느니라. 그 까닭이 무엇인가? 모든 불세존의 수의설법은 난해하여 알기 어렵기 때문이니라.

05 - 15 그때에 세존께서 거듭 이 뜻을 펴려고 하사 게송으로 설하여 말씀하시었다.

미혹을 깨는 법왕이

세상에 출현하여

중생들의 소망에 따라
갖가지로 법을 설하는 도다
05 - 16 존중되는 여래는
지혜가 심원하나니
참된 뜻을 오래도록 간직하여도
가벼이는 설하지 않느니라
지혜로운 사람이 듣는다고 한다면
믿고 이해하려니와
어리석은 사람들은 의심내고 후회하여
영원히 잃어버리게 되느니라
이런 까닭에 가섭아
나는 근기에 따라 법을 설하고

갖가지 인연으로

바른 견해를 얻게 하느니라

05 - 17 가섭아 반드시 알아라

비유하건대

세간에 큰 구름이 일어나

온 누리를 가득 덮는 것과도 같으니라

05 - 18 지혜의 구름이 큰 비를 머금고

번갯불이 번쩍이며

우레의 소리가 멀리서 들려오면

생명 있는 모든 것이 기뻐하리니

햇빛은 가려지고

땅위는 서늘하고

짙은 구름은 나직이 드리워져

손끝에 잡힐 듯 할 때에

넓고 균등하게 내리는 비

사방에 고루 내려

끝도 없이 퍼부어서

온 땅을 흡족하게 적시어 주면

05 - 19 산과 개울 험한 계곡

깊은데서 자라나는

풀꽃이나 나무나 약초 등이나

크고 작은 모든 수풀

백가지 곡식들의 싹과 이삭과

감자와 포도 등이

단비에 흠뻑 젖어

풍족 안 함 없으며

마른땅에도 듬뿍이 스며들어

약초와 나무들이 무성도 하다

05 - 20 **구름에서 내린 비**

한 맛의 물에

초목과 총림이

분수에 따라 흠뻑 젖으니

일체 모든 수풀이

대 소와 상 중 하에

서로 맞아서

각기 성장을 이루고

뿌리 줄기 가지 잎과

꽃과 열매 그 빛깔이

같은 비에 젖어

모두 다 신선함과 윤택함을 얻느니라

마치 모양과 성분이

젖음은 하나로되

대 소의 능력에 따라

제각기 무성하게 자라남과도 같으니라

05 - 21 붇다도 이러하여

세상에 출현함은

큰 구름이

온 누리를 끝없이 덮는 것과 같으니라

05 - 22 세상에 나와서
중생들을 위하여
모든 법의 진실을
분별하여 연설하나니
큰 성인 세존은
하늘과 인간과
일체 중생들에게
이렇게 선언하노라
나는 여래요
양족존이라
저 큰 구름같이
세상에 출현 하였도다

메마른 중생에게
흡족히 비를 내려
괴로움을 여의게 하고
화평의 기쁨과
세간의 기쁨과
열반의 기쁨을 얻게 하리라
하늘과 인간의 모든 대중들이여
일심으로 잘 들어야 하느니
여기 가까이 와서
나를 보라
나는 세존이라
다다를 자란 없나니

중생들을 평화롭게 하려고
세상에 출현 하였도다
대중들을 위하여
깨끗하고 맑은 감로의 법을 설하나니
그 법이 한 맛이요
해탈과 열반이라
한결같이 미묘한 음성으로
이 도리를 드높이고 연설하며
언제나 대승을 위하여
인연을 짓게 하노라
05 - 23 **나는 두루 다 평등하게**
일체를 관하느니라

피차가 없으며
애증의 마음이 없으며
탐착이 없으며
걸림이 없으며
언제나 일체 중생을 위하여
평등하게 법을 설하나니
한 사람을 위하듯이
대중에게도 그렇게 하느니라
다른 일은 그만 두고
항상 언제나 법을 연설하여
가거나 오거나 앉거나 서거나
지칠 줄 모르는 도다

세간을 충족시키는 일은

비가 흡족히 적셔지는 일과도 같으니라

빈부귀천과 상등하등과

지계와 파계와

위의의 구족과

위의의 무너짐과

정견과 사견과

이근과 둔근에게

법의 비를 고루 내려

싫증냄이 없느니라

05 - 24 중생으로써

나의 법을 들은 사람은

힘에 따라 이를 받고
여러 지위에 머무르되
하느님 창조주 전륜성왕 등
천상이나 인간의
여러 왕들은
작은 약초요
흘러나옴이 없는 법을 알고
열반을 얻고
육신통을 일으키고
삼명을 얻고
산림에 홀로 앉아
선정을 행하여서

연각의 지위를 증득한 사람들은
중간 약초요
세존의 견처를 구하여
나는 반드시 성불하리라 하고서는
정진과 선정을 닦는 사람들은
상등 약초요
여러 불자들이
불도에 전심하여
언제나 자비를 행하며
부처 될 줄 스스로 알아서
결정코 의심 없는 사람들은
작은 나무요

신통에 안주하고
불퇴전의 법륜을 굴려
헤아릴 수 없는
백 천 억의 중생을 건져내는
이와 같은 보살들은
큰 나무라
불타의 평등 설법이
한 맛의 비와 같지만
중생의 성품에 따라
받는 바가 다른 것은
풀꽃이나 나무의 타고남이
각기 다른 것과도 같으니라

붇다가 이와 같은 비유로써

방편을 열어 보여

정교한 언변으로

한 법을 연설하나

깨달은 자의 지혜에서는

큰 바다의 물 한 방울과도 같으니라

05 - 25 내가 법의 비를 내려

세간을 충만하게 하느니

설하여진 한 맛의 법으로

힘에 따라 행을 닦는 것은

총림이나 약초나

여러 나무들이

크고 작음에 따라
무성하게 자라남과도 같으니라
언제나 한 맛인
붇다의 법으로
모든 세간의 중생들에게
널리 행복을 얻게 하고
점차로 행을 닦아
깨달음의 열매를 맺게 하느니라
성문이나 연각이
산림에 살면서
법을 듣고 과위를 얻어
최후의 몸에 머무른다고 한다면

이를 이름하여 약초라고 하느니

제각기 성장하여 자라남이라

여러 보살들이

견고한 지혜로

삼계의 이치를 분명히 깨달아

최상승을 구한다면

이를 이름하여 작은 나무라고 하느니

제각기 성장하여 자라남이라

선정에 머무르고

신통력을 얻으며

법의 공한 도리를 깨달아

기뻐하고 환희하며

셀 수 없는 광명을 놓아

모든 중생들을 구원한다면

이를 이름하여 큰 나무라고 하느니

제각기 성장하여 자라남이라

이와 같이 가섭아

불타가 설하는 법은

마치 큰 구름이

한 맛의 비를 내리어

사람의 꽃을 흠뻑 적셔

제각기 열매를 맺게 하는 것과도 같으니라

05 - 26 가섭아 반드시 알아라

여러 가지 인연과

갖가지 비유로써
깨달음의 지혜를 열어서 보이느니
이는 나의 방편이며
모든 부처님께서도 또한 그러하느니라
05 - 27 이제 너희 등을 위하여
최상의 진실을 설하리라
모든 성문 대중들의 멸도는
참 멸도가 아니거니와
너희 등이 행할 바는
오직 보살의 길이니
점차로 닦고 배우면
반드시 부처되리로다

- 본 『한글 법화경』은 -

1. 『신수대장경』 제9권 소재 구마라집의 역본을 저본으로 하였습니다.
2. 각 품마다 분절의 단락은 계환선사(중국 송나라 때의 스님)의 『묘법연화경 요해』(『속장경』 제47권)를 참고하였습니다.
3. 많은 문제점이 지적될 수 있겠지만, 가능한 한 고유명사의 한글화를 시도하였습니다. 이에 관해서는 깊은 연구가 필요하리라고 생각합니다.
4. 고유명사는 붙여쓰기를 하였습니다.(예, 상불경보살→언제나가볍게여기지않는보살님)
5. 다라니는 잠정적으로 제외하였습니다.
6. 노골적이고 직선적인 표현이나, 장애우를 지칭하는 표현 등은 삭제하였습니다.
7. 본뜻에 어긋나지 않는다고 생각되므로, 다이아몬드·자동차·비행기·우주선·피아노·바이올린 등의 용어도 부담 없이 적절하게 사용하였습니다.
8. 참고문헌은 다음과 같습니다.
   1) 구마라집 역, 『묘법법화경』(『신수대장경』 제9권).

2) 계환, 『묘법연화경 요해』(『속장경』 제47권).
3) 이운허 역, 『법화경』(서울: 동국대 역경원, 1993).
4) 이원섭 주해, 『법화경』(서울: 삼중당, 1986).
5) 김인택, 『묘법연화경 주해』(청주: 불교통신교육원, 1987).
6) 현해 역, 『묘법연화경』(서울: 민족사, 2002).
7) 호국호법선양회, 『묘법연화경』상·하·별(서울: 민족사, 2001).
8) 광우 역주, 『묘법연화경』(서울: 민족사, 1997).

발

초발심 불자님들과 함께 『법화경』을 공부하면서부터 이 경전을 번역하기로 발원을 하였습니다. 이미 출판된 한글 『법화경』이 없는 것은 아니지만, 훌륭한 선배님들의 번역본과 주석서를 참고하여, 더욱 이해하기 쉽고 독송하기 편하게 문장을 가다듬고 운율을 조절하였으며, 성심 성의껏 번역에 임하였습니다. 『법화경』이라고 하면 당연히 한글로 쓰여진 『법화경』을 말하는 것이겠지만, 현실에서는 한글로 된 경전만으로 신앙하는 사례가 거의 없으므로, 굳이 『한글 법화경』이라는 이름을 붙였습니다.

제가 『법화경』의 깊은 교의와 심오한 사상의 근원을 밝힌다고 하는 것은 장대로 달을 따고자 하는 것과도 같다고 할 것입니다. 다만 『법화경』의 교의와 친근해지기를 바라는 불자님들과 한글로 된 『법화경』을 신앙하고 독송하기를 염원하는 불자님들을 위하여 이 경전을 완성하였습니다. 이러한 제 노력이 오히려 제불보살님에게 누를 끼치는 일이 아닌가하여 걱정이 태산과도 같습니다.

『한글 법화경』을 출판하기 전에 먼저 25품 「관세음보살님의 넓은 문」과, 20품 「언제나가볍게여기지않는보살님」과, 5품 「약초 비유」를 합본하여 『한글 관세음보살님경』이라는 이름으로 출판하게 되었습니다. 원래 『법화경』의 25품 「관세음보살님의 넓은 문」만을 별도로 독립시킨 경을 『관음경』이라고 합니다만, 여기서는 20품과 5품을 함께 포함하였습니다. 보석처럼 소중하고 귀중한 부처님의 말씀을 언제나 친근하게 신앙합시다. 그리고 깊은 관음행을 실천하여 부처님이 되십시오.

나무 관세음보살 마하살!

불기 2548(2004)년 3월 3일
왕금산 현불사 취정선원에서 적멸 합장

법성게

보현행원경

법 성 게

비구보살 적멸 한글역

법성의 원융은 두 모습이 아니며
흔들림이 없는 모든 법은 본래부터 적멸이다
이름 없고 모양 없고 일체가 끊어진 것은
증명한 지혜로 아는 바일뿐 다른 경계가 아니며
자성을 지키지 아니하고 연기 따라 이뤄지는
깊고 깊은 진성은 미묘의 극치로다
하나가운데 일체가 있고 일체가운데 하나가 있으며
하나가 곧 일체이고 일체가 곧 하나로다

하나의 미진이 시방을 함유하듯
일체의 미진도 이와 같도다
일념이 곧 헤아릴 수 없는 오랜 겁이고
헤아릴 수 없는 오랜 겁이 곧 일념이로다
구세 십세는 서로 함께 잇닿아 있으며
떨어지고 나눠져도 뒤섞임이 없는 도다
초발심에는 올바른 깨달음이 갖춰져 있으며
생사와 열반은 함께 어울려서 조화롭고
이치와 사물은 그윽하고 그러하여 분별함이 없는 도다
십불과 보현의 크고 넓은 경계는
부처님의 해인삼매가운데 드러나 있으며
마음 따라 번성하게 나타남은 불가사의하다

중생에게 요익 주는 보배 비가 허공에 가득히 내리니
중생들은 뜻에 따라 이익을 얻으리로다
그러므로 행자는 본래의 근원으로 돌아오라
망상을 쉬지 않으면 결코 얻지 못하리니
반연 없는 선교방편을 뜻과 같이 잡아서
분수에 따라 자량을 얻고 본향으로 돌아오며
무진장한 보배 다라니를 가지고
법계를 장엄하게 하면 진실로 보배궁전이로다
궁극에는 실제로 중도의 자리에 앉으리니
흔들림 없는 그 자리를 부처님이라고 하는 도다

華嚴一乘法界圖
화엄일승법계도

法性圓融無二相　諸法不動本來寂
無名無相絶一切　證智所知非餘境
眞性甚深極微妙　不守自性隨緣成
一中一切多中一　一即一切多即一
一微塵中含十方　一切塵中亦如是
無量遠劫即一念　一念即是無量劫
九世十世互相即　仍不雜亂隔別成
初發心時便正覺　生死涅槃常共和
理事冥然無分別　十佛普賢大人境
能仁海印三昧中　繁出如意不思議
雨寶益生滿虛空　衆生隨器得利益
是故行者還本際　叵息妄想必不得
無緣善巧捉如意　歸家隨分得資糧
以陀羅尼無盡寶　莊嚴法界實寶殿
窮坐實際中道床　舊來不動名爲佛

보현행원경

비구보살 적멸 한글역

1분 처음

01 - 01 그때에 보현보살 마하살이 여래의 수승한 공덕을 찬탄하시고는 모든 보살님들과 선재에게 고하여 말하였다. 불자야! 여래의 공덕은 가령 시방에 계시는 일체 모든 부처님께서 말할 수 없고 말할 수 없는 부처님나라 극 미진수의 겁이 지나도록 서로 이어서 연설한다고 하여도 다 설할 수가 없느니라. 만약에 이 공덕의 문을

성취하고자 한다면 반드시 열 가지의 광대한 행원을 닦아야 하리니, 어떤 것이 이 열 가지의 광대한 행원인가?

01 - 02 첫째는 모든 부처님에게 예경을 하는 행원이며, 둘째는 여래를 칭찬하는 행원이며, 셋째는 널리 공양을 닦는 행원이며, 넷째는 업장을 참회하는 행원이며, 다섯째는 공덕을 함께 기뻐하는 행원이며, 여섯째는 올바른 법륜을 영원히 굴려주시기를 부처님에게 권청하는 행원이며, 일곱째는 세상에 오래 머물러 주시기를 부처님에게 권청하는 행원이며, 여덟째는 언제나 부처님에게 배우는 행원이며, 아홉째는 언제나 중생들

에게 순응하는 행원이며, 열째는 모두 다 널리 회향하는 행원이니라.

01 - 03 선재가 사뢰어 말하였다. 대성 보현이시여! 어떻게 예경을 하고, 어떻게 회향을 하여야 하나이까? 보현보살이 선재에게 고하여 말하였다.

2분 보현보살님의 열 가지 행원

02 - 01 불자야! 모든 부처님에게 예경을 한다고 하는 것은, 이와 같이 하는 것을 말하느니라.

02 - 02 있는 바 진법계 허공계 시방 삼세 일체 모든 부처님나라 극 미진수의 부처님세존에

게 제가 보현행원의 힘으로 깊은 믿음과 이해를 일으키고, 얼굴을 마주 대하듯 하면서, 청정한 몸과 입과 마음의 업을 다하여 저 모든 분들에게 언제나 예경을 올리리라.

02 - 03 한 분 한 분 부처님이 계시는 곳에 말할 수 없고 말할 수 없는 부처님나라 극 미진수의 몸을 나타내어, 한 몸 한 몸으로써 말할 수 없고 말할 수 없는 부처님나라 극 미진수의 세존님에게 일일이 모두 다 예경을 올리리니, 허공계가 다한다면 나의 예경도 다하려니와 허공계가 다할 수 없는 까닭에 이러한 나의 예경도 다함이 없으리로다.

02 - 04 이와 같이 하고 또 하여 중생계가 다하고 중생 업이 다하고 중생의 번뇌가 다한다면 나의 예경도 다하려니와, 중생계와 번뇌가 다함이 없으므로 나의 이 예경도 다함이 없으며, 생각 생각 이어져서 끊어짐이 없어도 몸과 입과 마음의 업에는 지치거나 싫어함이 없으리라.

02 - 05 다시 다음으로 불자야! 여래를 칭찬한다고 하는 것은, 이와 같이 하는 것을 말하느니라.

02 - 06 있는 바 진법계 허공계 시방 삼세 일체 모든 부처님나라 극 미진수의 그 하나하나 미진 가운데에는 모두 다 일체 세계 극 미진수

의 부처님이 계시고, 한 분 한 분 부처님이 계시는 그 곳에는 보살님들이 바다같이 모여서 위요하고 있나니, 제가 깊고 깊은 믿음과 이해로써 눈앞에 나타나듯이 알아보면서, 각각 변재천녀보다 더 많은 미묘한 혀를 내고, 그 하나하나의 혀로써 바다같이 무진장한 음성을 내며, 하나하나의 음성으로써 바다같이 무진장한 말씀을 내고는, 여래의 일체 모든 공덕바다를 칭찬하고 찬양하면서 미래제가 다하도록 끊임없이 상속하여 법계에 두루두루 미치지 않음이 없게 하리라.

02 - 07 이와 같이 하고 또 하여 허공계가 다하고 중생계가 다하고 중생 업이 다하고 중생의

번뇌가 다한다면 나의 칭찬도 다하려니와, 허공계와 번뇌가 다함이 없으므로 나의 이 칭찬도 다함이 없으며, 생각 생각 이어져서 끊어짐이 없어도 몸과 입과 마음의 업에는 지치거나 싫어함이 없으리라.

02 - 08 다시 다음으로 불자야! 널리 공양을 닦는다고 하는 것은, 이와 같이 하는 것을 말하느니라.

02 - 09 있는 바 진법계 허공계 시방 삼세 일체 모든 부처님나라 극 미진 가운데에는 일일이 각각 일체 세계 극 미진수의 부처님이 계시고, 한 분 한 분 부처님이 계시는 곳에는 온갖 보살

님들이 바다같이 모여서 위요하고 있나니, 제가 보현행원의 힘으로 깊은 믿음과 이해를 일으키고, 최상 미묘의 모든 공양을 온전히 갖추고는, 눈앞에 나타나듯이 알아보면서 저 모든 분들에게 다 공양을 올리리라.

02 - 10 이른바 꽃 구름으로, 꽃타래 구름으로, 천상의 음악 구름으로, 천상의 일산 구름으로, 천상의 옷 구름으로, 천상의 바르는 향 구름으로, 천상의 태우는 향 구름으로, 천상의 가루 향 구름으로 이와 같은 하나하나의 수량이 수미산과 같으며, 소마나 등으로 기름 등으로 향유 등으로 여러 가지 등으로 등불을 밝히되, 하나하나 등불

의 심지는 수미산과도 같으며, 하나하나 등불의 기름은 대해수와도 같으리니, 이와 같은 공양을 모두 다 갖추어서 언제나 변함없이 공양을 올리리라.

02 - 11 불자야! 모든 공양 가운데는 법공양이 최상이니라. 이른바 설함과 같이 닦고 행하는 공양이며, 중생들에게 이익을 주는 공양이며, 중생들을 섭수하는 공양이며, 중생들의 괴로움을 대신 받는 공양이며, 선근을 부지런히 닦는 공양이며, 보살의 업을 버리지 않는 공양이며, 보리심을 여의지 않는 공양이니라.

02 - 12 불자야! 앞에서와 같은 공양이 무량공

덕이라고 하여도, 이 법공양의 일념 공덕에 비한다고 한다면 백 분의 일에도 미치지 못하며, 천 분의 일에도 미치지 못하며, 백 천 만 억 나유타 분의 일에도 미치지 못하며, 내지 우파니사타 분의 일에도 미치지 못하느니라.

02 - 13 어찌하여 그러한가? 모든 여래께서는 법을 존중하기 때문이며, 설함과 같은 수행으로 모든 부처님이 출생하기 때문이니라. 또한 모든 보살님들이 법공양을 행한다고 한다면 이는 곧 여래에게 공양을 올리는 일을 성취 한 것이 되리니, 이와 같은 수행이 참 공양이기 때문이니라. 이것이 가장 넓고 크고 훌륭한 공양이니라.

02 - 14 이와 같이 하고 또 하여 허공계가 다하고 중생계가 다하고 중생 업이 다하고 중생의 번뇌가 다한다면 나의 공양 올리는 일도 다하려니와, 허공계와 번뇌가 다함이 없으므로 나의 이 공양 올리는 일도 다함이 없으며, 생각 생각 이어져서 끊어짐이 없어도 몸과 입과 마음의 업에는 지치거나 싫어함이 없으리라.

02 - 15 다시 다음으로 불자야! 업장을 참회한다고 하는 것은, 이와 같이 하는 것을 말하느니라.

02 - 16 제가 비롯함이 없는 지난 과거에서부터 탐욕과 성냄과 어리석음으로 말미암아 몸과 입과 마음으로 짓게 되었던 그 모든 악업이 한

량없나니, 이와 같은 악업이 그 바탕과 모양이 있는 것이라고 한다면 허공계가 다하여도 용납받을 수가 없겠지만, 제가 이제 청정한 세 가지 업으로, 넓고 넓은 저 법계의 극 미진 세계에 있는 일체 모든 불보살님의 대중 앞에서, 성심을 다하여 모두 다 참회하옵고, 다음에는 다시 짓지 않으면서 언제나 맑고 깨끗한 계행의 공덕에 머물러 있으리라.

02 - 17 이와 같이 하고 또 하여 허공계가 다하고 중생계가 다하고 중생 업이 다하고 중생의 번뇌가 다한다면 나의 참회도 다하려니와, 허공계와 번뇌가 다함이 없으므로 나의 이 참회도

다함이 없으며, 생각 생각 이어져서 끊어짐이 없어도 몸과 입과 마음의 업에는 지치거나 싫어함이 없으리라.

02 - 18 다시 다음으로 불자야! 공덕을 함께 기뻐한다고 하는 것은, 이와 같이 하는 것을 말하느니라.

02 - 19 있는 바 진법계 허공계 시방 삼세 일체 모든 부처님나라 극 미진수의 부처님여래께서 초발심을 일으킨 이래로부터, 일체 지혜를 위하여 부지런히 복덕을 닦으시고 몸과 목숨을 아끼지 않으셨던 그 모든 선근 공덕을 내가 다 함께 기뻐하며, 말할 수 없고 말할 수 없는 부처님

나라 극 미진수의 겁을 지나면서 그 하나하나의 겁 가운데에서 말할 수 없고 말할 수 없는 부처님나라 극 미진수의 육신과 장기와 혈액과 골수와 손과 발과 눈을 기쁜 마음으로 주셨던 그 모든 난행고행의 선근 공덕을 내가 다 함께 기뻐하며, 갖가지 바라밀의 문을 원만히 이루셨던 그 모든 선근 공덕을 내가 다 함께 기뻐하며, 여러 가지 보살의 지혜 지위를 깨달아 들어가셨던 그 모든 선근 공덕을 내가 다 함께 기뻐하며, 일체 모든 부처님께서 무상보리를 성취하시고 완전한 열반을 성취하셨던 그 모든 선근 공덕을 내가 다 함께 기뻐하리라.

02 - 20 그리고 저 시방 삼세 일체 세계에 있는 사생 육도의 중생과 일체 종류의 중생들이 가지고 있는 그 모든 선근 공덕을 내가 다 함께 기뻐하며, 내지 일 미진의 선근 공덕이라고 하여도 내가 다 함께 기뻐하며, 시방 삼세 일체 세계에 있는 모든 성문과 벽지불과 유학과 무학 등이 가지고 있는 그 모든 선근 공덕을 내가 다 함께 기뻐하며, 일체 모든 보살님들이 헤아릴 수도 없이 많은 난행고행을 닦으시면서 최상 평등의 바른 깨달음을 구하셨던 그 넓고 큰 선근 공덕을 내가 다 함께 기뻐하리라.

02 - 21 이와 같이 하고 또 하여 허공계가 다

하고 중생계가 다하고 중생 업이 다하고 중생의 번뇌가 다한다고 하여도 나의 이 함께 기뻐함은 다함이 없으며, 생각 생각 이어져서 끊어짐이 없어도 몸과 입과 마음의 업에는 지치거나 싫어함이 없으리라.

02 - 22 다시 다음으로 불자야! 올바른 법륜을 영원히 굴려주시기를 부처님에게 권청한다고 하는 것은, 이와 같이 하는 것을 말하느니라.

02 - 23 있는 바 진법계 허공계 시방 삼세 일체 모든 부처님나라 극 미진수 가운데에는 일일이 각각 말할 수 없고 말할 수 없는 부처님나라 극 미진수의 광대한 불세계가 있고, 하나하나의

불세계 가운데에는 말할 수 없고 말할 수 없는 부처님나라 극 미진수의 부처님께서 최상 평등의 바른 깨달음을 이루고 계시며, 그리고 일체 모든 보살님들이 바다같이 모여서 위요하고 있나니, 제가 몸과 입과 마음의 업을 다하여 미묘하고 올바른 법륜을 영원히 굴려주시기를 저 모든 부처님세존에게 간절히 권청하리라.

02 - 24 이와 같이 하고 또 하여 허공계가 다하고 중생계가 다하고 중생 업이 다하고 중생의 번뇌가 다한다고 하여도, 언제나 올바른 법륜을 영원히 굴려주시기를 바라는 나의 이 권청은 다함이 없으며, 생각 생각 이어져서 끊어짐이 없어

도 몸과 입과 마음의 업에는 지치거나 싫어함이 없으리라.

02 - 25 다시 다음으로 불자야! 세상에 오래 머물러 주시기를 부처님에게 권청한다고 하는 것은, 이와 같이 하는 것을 말하느니라.

02 - 26 있는 바 진법계 허공계 시방 삼세 일체 모든 부처님나라 극 미진수의 부처님여래께서 완전한 열반을 시현 하고자 하실 때에나, 그리고 모든 보살님이나, 성문이나, 연각이나, 유학이나, 무학이나, 일체 모든 선지식에게도 제가 다 권청하리라. 열반에 들어가지 마시고 일체 모든 부처님나라 극 미진수의 겁이 지나도록 일체

모든 중생들을 이락하게 하소서.

02 - 27 이와 같이 하고 또 하여 허공계가 다하고 중생계가 다하고 중생 업이 다하고 중생의 번뇌가 다한다고 하여도 나의 이 권청은 다함이 없으며, 생각 생각 이어져서 끊어짐이 없어도 몸과 입과 마음의 업에는 지치거나 싫어함이 없으리라.

02 - 28 다시 다음으로 불자야! 언제나 부처님에게 배운다고 하는 것은, 이와 같이 하는 것을 말하느니라.

02 - 29 이곳 사바세계 비로자나 여래께서 초발심에서부터 물러남이 없이 정진하셨을 때에,

말할 수 없고 말할 수 없는 신명을 보시하기 위하여 피부를 가지고는 종이로 삼고, 뼈를 가지고는 붓으로 삼고, 피를 가지고는 먹물로 삼아서 저 모든 경전을 서사하여 수미산같이 쌓았어도, 법을 존중하는 까닭에 몸과 목숨을 아끼지 않으셨던 것과도 같으니라.

02 - 30 끝이 없는 난행고행을 하시고, 보리수 아래에서 대 보리를 이루셨으며, 여러 가지의 신통을 보이시고, 수 없이 많은 변화를 나타내셨으며, 한 없이 많은 부처님의 몸을 나타내셨으니, 이와 같은 모든 것을 제가 다 따라 배우며,

 갖가지 대중들의 많은 모임에 처해 계시면서

우레 소리가 크게 떨치는 것과도 같은 원만한 음성으로 대중들이 바라는 욕락에 따라 중생들을 성숙시켜 주시고, 그리고 열반에 들어감을 나타내 보여주셨으니, 이와 같은 일체 모든 것을 지금의 세존이신 비로자나와도 같이 제가 다 따라 배우며,

02 - 31 진법계 허공계 시방 삼세 일체 모든 부처님나라 극 미진 가운데에 있는 일체 모든 부처님여래에게도 또한 이와 같이 하리니, 생각 생각 그 가운데에서 제가 모두 다 따라서 배우리라.

02 - 32 이와 같이 하고 또 하여 허공계가 다

하고 중생계가 다하고 중생 업이 다하고 중생의 번뇌가 다한다고 하여도 나의 이 따라 배움은 다함이 없으며, 생각 생각 이어져서 끊어짐이 없어도 몸과 입과 마음의 업에는 지치거나 싫어함이 없으리라.

02 - 33 다시 다음으로 불자야! 언제나 중생들에게 순응한다고 하는 것은, 이와 같이 하는 것을 말하느니라.

02 - 34 진법계 허공계 시방 삼세의 바다 같이 많은 국토에는 중생들이 갖가지의 차별로 존재하나니, 이른 바 난생과 태생과 습생과 화생과, 지수화풍에 의지하여 살아가는 중생과, 공중이나

여러 초목에 의지하여 살아가는 중생과, 색이 있는 중생과, 색이 없는 중생과, 생각이 있는 중생과, 생각이 없는 중생과, 생각이 있음도 아니고 생각이 없음도 아닌 중생과,

이와 같은 모든 부류의 중생들에게 내가 다 순응하고 따르며, 갖가지로 이어서 섬기며, 갖가지로 공양을 올리며, 부모같이 공경하며, 스승같이 받들어 모시며, 아라한같이 받들어 모시며, 여래와도 같이 평등하게 받들어 모셔서 다름이 없게 하며,

02 - 35 모든 병고의 중생에게는 좋은 의사가 되어주고, 길을 잃은 중생에게는 그 바른 길을

보여주며, 캄캄한 밤중에 있는 중생에게는 광명을 비춰주고, 빈궁한 중생에게는 숨겨진 보물 창고를 얻게 하리라.

02 - 36 보살은 이와 같이 평등하게 일체 모든 중생들을 다 요익하게 하여야 하느니라. 어찌하여 그러한가? 보살이 중생들에게 순응을 한다고 하면 이는 곧 모든 부처님에게 공양을 올리고 순응하는 것이 되며, 중생들을 존중하고 받들어 섬긴다고 한다면 이는 곧 여래를 존중하고 받들어 섬기는 것이 되며, 중생들에게 환희가 일어나도록 한다고 하면 이는 곧 일체 모든 여래에게 환희가 일어나도록 하는 것이 되기 때문이니라.

02 - 37 어찌하여 그러한가? 일체 모든 부처님 여래께서는 대비의 마음으로써 본바탕을 삼기 때문이니, 중생으로 인하여 대비의 마음이 일어나고, 대비의 마음으로 인하여 보리심이 나오며, 보리심으로 인하여 최상의 바른 깨달음을 이루기 때문이니라. 비유하면 넓은 광야의 벌판가운데 있는 큰 나무와도 같으니라. 만약에 그 뿌리가 물을 만나게 된다고 한다면 가지와 잎과 꽃과 과일이 모두 다 무성하게 되는 것과도 같이 생사의 넓은 광야가운데 있는 보리수도 다시 또한 이와 같으니라.

02 - 38 일체 중생들은 나무의 뿌리가 되고 모

든 불보살님들은 꽃과 과일이 되나니, 대비의 물을 가지고 중생들을 요익하게 한다면, 모든 불보살님의 지혜인 꽃과 과일을 성취할 수 있으리라. 어찌하여 그러한가? 모든 보살님들이 대비의 물을 가지고 중생들을 요익하게 한다고 하면, 곧 아누다라삼먁삼보리를 성취할 수 있기 때문이니라. 이러한 까닭에 보리는 중생에게 속하나니, 만약에 중생이 없다고 한다면, 일체 모든 보살님들도 마침내 최상의 바른 깨달음을 이룰 수 없으리라.

02 - 39 불자야! 너희는 이러한 도리를 반드시 이와 같이 깨달아야 하리라. 중생의 마음이 평등

한 까닭에 대비를 원만하게 성취할 수 있으며, 대비의 마음을 가지고 중생들에게 순응하는 까닭에 여래에게 공양 올리는 일을 쉽게 성취할 수 있으리니, 보살은 이와 같이 중생들에게 순응하여야 하느니라.

02 - 40 이와 같이 하고 또 하여 허공계가 다하고 중생계가 다하고 중생 업이 다하고 중생의 번뇌가 다한다고 하여도 나의 이 순응은 다함이 없으며, 생각 생각 이어져서 끊어짐이 없어도 몸과 입과 마음의 업에는 지치거나 싫어함이 없으리라.

02 - 41 **다시 다음으로 불자야! 모두 다 널리**

회향한다고 하는 것은, 이와 같이 하는 것을 말하느니라.

02 - 42 처음 예경에서부터 내지 순응에 이르기까지 그 얻은 바의 모든 공덕을 진법계 허공계에 있는 일체 모든 중생들에게 남김없이 다 회향하리니, 일체 모든 중생들이 언제나 안락하게 되기를 원하고, 모든 병고가 영원히 없어지기를 원하며, 악법을 행하고자 할 때에는 그 어떤 것도 이루어지지 못하게 하고, 선업을 닦고자 할 때에는 모두 다 빨리 이루어지게 하며, 일체 모든 악도의 문은 닫아버리고, 인간에서나 하늘에서나 열반의 바른 길은 열어서 보이며, 만약 어

떤 중생에게 모여지고 쌓여진 악업이 있다고 한다면 그 감응된 바의 일체 모든 극중한 괴로움의 과보는 내가 다 대신 받으며, 그리고 저 모든 중생들에게는 다 해탈을 얻게 하고 마침내 무상보리를 이루게 하리라.

02 - 43 이와 같이 하고 또 하여 허공계가 다하고 중생계가 다하고 중생 업이 다하고 중생의 번뇌가 다한다고 하여도 나의 이 회향은 다함이 없으며, 생각 생각 이어져서 끊어짐이 없어도 몸과 입과 마음의 업에는 지치거나 싫어함이 없으리라.

02 - 44 불자야! 이것이 원만 구족한 보살마하

살의 열 가지 대원이니라. 어떤 보살이든지 이와 같은 대원을 향하여 함께 순응하여 들어간다고 한다면, 일체 모든 중생들을 다 성숙시킬 수 있으며, 위없는 최상 평등 바른 깨달음에 쉽게 순응할 수 있으며, 바다 같이 많은 보현보살의 모든 행원을 성만할 수 있으리니, 이런 까닭에 불자야! 너희 등은 이러한 이치를 반드시 이와 같이 알아야 하느니라.

02 - 45 어떤 선남자 선여인이 시방 삼세 무량무변 말할 수 없고 말할 수 없는 부처님나라 극미진수의 일체 모든 세계에, 천상과 인간에서는 가장 아름다운 칠보와 가장 뛰어난 안락을 가득

채워서 그곳에 있는 일체 모든 중생들에게 보시를 하고, 그곳에 있는 일체 모든 불보살님에게도 공양을 올리며, 이와 같이 그 부처님나라 극 미진수의 겁을 지나는 동안에 끊임없이 지어서 얻게 되는 공덕이라고 하여도,

02 - 46 만약 다른 어떤 사람이 이 열 가지의 대원을 한 번 지나치면서 귀로 듣고 얻게 되는 공덕에 비교를 한다고 하면, 앞의 공덕으로는 백분의 일에도 미치지 못하며, 천 분의 일에도 미치지 못하며, 내지 우파니사타 분의 일에도 미치지 못하느니라.

02 - 47 다시 어떤 사람이 깊은 신심으로 이

대원을 수지하고 독송하고 내지 한 게송만이라도 서사한다고 하면 무간지옥의 업이 일시에 소멸되며, 또한 몸에 있는 병과, 마음에 있는 병과, 갖가지의 고뇌와, 일체 모든 악업이 다 녹아 없어지리라. 그리고 일체의 마군과, 야차와, 나찰과, 피를 빨고 살을 먹는 모든 악귀들이 흔적 없이 다 멀리 달아나며, 혹은 어떤 때는 발심을 하여 가깝게 친하면서 수호해 주리라. 이러한 까닭에 어떤 사람이든지 이 행원을 읽고 외운다고 한다면 세간에서 행하는 일에 조금도 장애가 없으리니, 마치 저 하늘가운데에 떠 있는 달이 구름의 가려짐에서 벗어난 것과도 같으리라.

02 - 48 그러므로 일체 모든 불보살님들이 칭찬하시며, 일체 모든 인간과 하늘이 다 예경을 하며, 일체 모든 중생들이 다 공양을 올리리니, 이 불자는 훌륭한 사람의 몸을 받아서 보현의 공덕을 원만하게 할 것이며, 오래지 않아서 보현보살과 같은 미묘한 색신을 얻을 것이며, 부처님의 서른두 가지 상을 성취하게 되리라. 만약에 인간과 천상에 태어난다고 한다면 날 때마다 언제나 훌륭한 가문에서 태어나며, 일체 모든 악도를 다 무너뜨릴 수 있으며, 일체 모든 악한 벗을 다 멀리 여읠 수 있으며, 일체 모든 외도를 다 항복받을 수 있으며, 일체 모든 번뇌에서 다 해

탈할 수 있으리니, 마치 사자의 왕이 모든 짐승의 무리들을 굴복시키는 것과도 같으니라. 이 사람은 일체 중생의 공양을 받으리로다.

02 - 49 다시 또한 이 사람이 임종하고자 하는 그 최후의 찰나에 여섯 가지 감각기관의 뿌리와 인식 경계는 모두 다 무너지고 흩어지며, 여러 모든 친족들은 다 곁을 떠나며, 모든 권세는 다 물러가고 잃어버리며, 명예와 부와 관직과 재물과 숨겨진 보물 등 이와 같은 일체 모든 것이 다시는 서로 따르지 않으리라.

02 - 50 그러나 오직 이 행원만은 서로 떠나지 않으면서 일체 시에 그 앞길을 인도하나니, 일찰

나 가운데에서 곧바로 극락세계에 왕생하리라. 왕생하고는 즉시에 아미타부처님을 친견하고, 문수사리보살과 보현보살과 관자재보살과 미륵보살을 친견하리라. 이 모든 보살님들은 색신과 상호가 단정하고 엄정하며, 공덕이 구족 원만하신 분들이며, 또한 모두가 다 함께 위요하여 주시리니, 이 사람은 연꽃가운데에서 태어났음을 스스로 보게 되리로다.

02 - 51 그리고 부처님에게 수기를 받으리라. 수기를 받고는 셀 수도 없이 많은 백 천 만 억 나유타 겁을 지나는 동안에 시방 삼세 말할 수 없고 말할 수 없는 모든 세계를 널리 다니면서,

지혜의 힘으로 중생들이 바라는 그 마음에 따라 이익을 얻게 하며, 머지않아서 깨달음의 도량에 앉아 마군을 항복받고 최상의 바른 깨달음을 이루며, 미묘한 법륜을 굴려서 부처님나라 극 미진수 세계에 있는 일체 모든 중생들에게 보리심이 일어나게 하며, 그 근성에 따라 교화시키고 성숙시키면서 미래 겁이 다할 때까지 일체 모든 중생들에게 널리 이익을 얻게 하느니라.

02 - 52 불자야! 저 모든 중생들이 이와 같은 대원을 듣거나 믿거나, 혹은 수지하고 독송하고 사람들에게 설한다고 한다면, 그 얻을 바의 공덕은 부처님세존을 제외하고 다른 사람으로서는

알 수가 없느니라. 이런 까닭에 너희 등은 이와 같은 대원을 들었을 때에 의심의 생각을 내지 마라라. 반드시 지극한 마음으로 받아들이고, 받아들이고는 읽으며, 읽고는 외우며, 외우고는 지니며, 지니고는 옮겨서 쓰며, 다시 사람들을 위하여 널리 해설하여야 하느니라.

02 - 53 이와 같은 모든 사람들은 일념 사이에 있는 바의 모든 행원을 다 성취하리니, 그 얻을 바의 복덕은 헤아릴 수가 없고 끝이 없으리로다. 또한 번뇌에 짓눌리고 고해에 빠진 중생들에게 번뇌의 뿌리를 뽑아주고 고해의 거친 파도를 건너게 하여 그곳에서 벗어나게 하리라. 그리고 모

든 중생들을 이끌어서 아미타부처님의 극락세계에 왕생하게 하리라.

3분 게송으로 거듭 말씀하시다

03 - 01 그때에 보현보살 마하살이 이 뜻을 펴려고 하사 널리 시방세계를 향하여 거듭 게송을 설하여 말씀하시었다.

존재하는 시방세계 그 가운데에는
삼세의 일체 모든 부처님이 계시니
청정한 몸과 말과 마음을 기울여
남김없이 빠짐없이 예경하옵고

보현의 행원과 보현의 위력으로
일체 모든 여래 앞에 빠짐없이 나타나
한 몸 다시 미진 세계 몸을 나투어
미진 세계 부처님께 한 분 한 분 빠짐없이 예경합니다

03 - 02 일 미진 중에 미진수의 부처님께서는
보살 대중 모인 곳에 처해 계시고
무진 법계 미진에도 그와 같으니
제불의 충만하심을 깊이깊이 믿습니다

제 각각 바다 같은 일체의 음성으로
다함없는 묘한 말씀 널리 내어서

오는 세상 일체 겁이 다할 때까지
부처님의 공덕바다 찬양합니다

03 - 03 가장 좋고 아름다운 모든 꽃 타래
기악으로 음성으로 일산 등으로
가장 좋은 장엄을 이와 같이 갖춰서
제가 이제 여래님께 공양을 올립니다

가장 좋은 옷으로 가장 좋은 향으로
가장 좋은 등불로 가장 좋은 촛불로
하나하나 모두다 수미산같이 모아서
제가 이제 여래님께 공양을 올립니다

광대한 믿음과 이해의 마음으로
일체 모든 부처님을 깊이깊이 믿으며
보현의 행원력을 모두 다 하여
제가 이제 여래님께 공양을 올립니다

03 - 04 지난 세상 제가 지은 모든 악업은
탐욕과 성냄과 어리석음에서 비롯하였고
몸과 말과 마음으로 생겨났으니
제가 이제 남김없이 참회합니다

03 - 05 시방 세계 일체 종류 모든 중생과
성문 연각 유학 무학 모든 분들과

일체 모든 불보살님이 지은 공덕을
제가 함께 따라서 기뻐합니다

03 - 06 시방 삼세 계시옵는 세간 등불과
가장 처음 보리도를 이루신 님에게
제가 이제 모두 다 권청하오니
최상의 미묘 법륜 굴려주소서

03 - 07 부처님이 열반에 들려고 하시면
있는 지성 다하여서 권청하리라
찰진 겁을 오랫동안 머물러 계시면서
일체 모든 중생들을 이락하게 하소서

예경하고 칭찬하고 공양올린 복덕과
세상에 계시면서 법륜 굴려주시기를 청한 공덕과
기뻐하고 참회한 모든 선근을
중생들과 보리도에 회향합니다.

03 - 08 제가 모든 여래님께 따라 배우고
보현의 원만 행을 닦고 익히며
지난 세상 시방세계 여래님들과
지금 세상 시방세계 부처님들과

오는 세상 천인사님께 공양을 올리오니
마음의 바람이 모두 다 원만하여 지이다

삼세의 부처님께 널리 따라 배우기를 바라옵나니
어서 빨리 보리도가 성취되어 지이다

03 - 09 존재하는 시방 삼세 일체 세계는
광대하고 청정하며 아름답고 장엄하다
대중들이 모두 모여 여래님을 위요하면서
보리수 나무아래 모두 다 계시네

시방세계 살고 있는 중생들이여
근심걱정 여의고 언제나 안락하소서
깊고 깊은 정법의 이익을 획득하소서
모든 번뇌 남김없이 사라지소서

03 - 10 무상보리 얻으려고 수행할 때에
육도가운데의 전생 일을 모두 다 알고
언제나 승가에서 청정 계행 닦으며
더러움이 없고 파함 없고 흘러나옴 없으리니

천룡 야차 건달바와
사람과 인비인 등
존재하는 일체 중생 말을 내어서
여러 가지 음성으로 법을 설하리로다

03 - 11 청정한 바라밀을 부지런히 닦고
어느 때나 보리심을 잃지 않으며

장애와 번뇌를 소멸시키면
일체 모든 묘한 행을 성취하리라

미혹의 업이라도 악마의 경계라도
세간의 길 그 가운데서 해탈을 얻으리니
물들지 않는 연꽃과도 같으며
허공에 머무르지 않는 일월과도 같도다

03 - 12 악도의 괴로움을 모두 없애고
평등하게 중생에게 기쁨을 주며
이와 같이 찰진 겁을 지나오면서
온 세상에 이익 끼침 다함이 없도다

언제나 중생들에게 순응하면서
오는 세상 일체 겁이 다할 때까지
보현의 광대 행을 항상 닦아서
가장 높은 보리도를 원만하게 하리라

03 - 13 **나와 함께 행을 닦는 모든 사람이**
일체 처에 함께 모여 같이 있나니
몸과 입과 마음의 업이 모두 같으며
일체 행원 함께 닦고 같이 배우나이다

나에게 이익 주는 선지식이 계시니
나를 위해 보현 대행 보여 주시고

나와 함께 모이기를 항상 원하시옵고
나에게 언제나 환희심이 일어나게 하시는 도다

03 - 14 불자의 대중들이 위요하고 있는
일체 모든 여래님을 면전에서 뵈옵고
저 모든 여래님께 광대 공양 올리리니
미래 겁이 다하여도 지치거나 싫어함이 없으리라

부처님의 미묘 법을 받아 지니고
일체의 보리 행을 밝게 빛내며
청정한 보현 도에 다다를 때까지
미래 겁이 다하도록 익히고 닦으리라

03 - 15　일체 모든 중생들의 그 가운데에서
제가 닦은 복과 지혜 다함이 없고
선정 지혜 방편 해탈 이와 같은 등으로
무진장한 공덕바다 모두 다 얻으리라

일 미진 중에 미진수의 세계가 있고
하나하나 세계에는 난사의 부처님이 모두 계시며
한 분 한 분 부처님께서는
　　　대중들의 모임에 처해 계시면서
언제나 보리행을 연설하시니
　　　제가 지금 모두 다 바라보고 있나이다

03 - 16 끝이 없는 시방 세계 법계의 바다
하나하나 털끝에는 삼세의 바다
부처님의 바다 국토의 바다
겁의 바다 지나면서 제가 두루 수행합니다

03 - 17 여래님의 말씀은 청정하시다
한 말씀에 음성바다 갖추시었고
중생들의 욕망에 따라 음성을 내시니
부처님의 변재 바다 끝도 없이 흐르도다

삼세의 일체 모든 여래께서는
무진장한 말씀의 저 바다에서

깊은 이치 묘한 법륜 굴리시나니
지혜의 힘으로 깊이깊이 들어가리라

03 - 18 제가 쉽게 미래세에 깊이 들어 가며는
일체 겁이 다하여 일념이 되고
삼세에 존재하는 일체의 겁이라도
일념사이에 제가 다 들어갑니다

제가 일념사이에서 삼세를 보고
삼세의 부처님을 모두 다 보며
언제나 부처님의 경계 속에 들어가나니
환 같은 해탈이며 환 같은 위력이로다

03 - 19 하나의 털끝에 있는 미진가운데
삼세의 장엄세계 나타나오며
시방의 미진세계 털끝마다에
제가 깊이 들어가니 청정장엄이로다

미래 세상 비춰주는 등불께서는
성도하고 법륜 굴려 중생들을 깨닫게 하고
부처님의 일을 마치고는 열반을 보이시니
제가 앞장서서 친근하게 모시리라

03 - 20 빠르고도 두루 한 신통의 힘과
넓은 문으로 많이 들어가는 대승의 힘과

지혜 행원 널리 닦는 공덕의 힘과
위력으로 덮어주는 자애의 힘과

청정 장엄 가득한 복덕의 힘과
집착 없고 의지 않는 지혜의 힘과
정혜와 방편과 모든 위덕의 힘과
넓게 쌓고 많이 모은 보리의 힘과

일체 모든 맑고 깨끗한 선업의 힘과
일체 모든 번뇌를 꺾어버리는 힘과
일체 모든 마군들을 항복받는 힘과
둥글고 가득한 대행의 힘과

03 - 21 장엄하고 청정한 법계의 바다
모든 사람 해탈하는 중생의 바다
훌륭하게 분별하는 정법의 바다
깊이깊이 들어가는 지혜의 바다

맑고도 깨끗한 대행의 바다
둥글고 가득한 원력의 바다
친근하게 공양을 올리는 부처님의 바다
게으름 없이 수행하는 영겁의 바다

시방 삼세 일체 모든 여래님께서는
최상의 보리도와 광대 행원 있으시니

제가 모두 공양 올려 원만히 닦고
보현의 대행으로 보리도를 깨달으리로다

03 - 22 일체 모든 여래님은 장자가 있나니
그 명호 가라사대 보현존자이시라
제가 이제 모든 선근 회향하나니
지혜와 행원이 동등하여 지이다

몸과 입과 마음이 언제나 청정하고
행원과 국토도 그렇기를 바라옵니다
이와 같은 지혜를 보현이라고 부르나니
너와 나 모든 사람 평등하여 지이다

03 - 23 보현의 대행을 청정하게 하고
문수의 대원을 청정하게 하며
저 일을 남김없이 원만하게 닦으리니
미래제가 다하여도 언제나 게으름이 없으리라

내가 닦은 대행은 헤아릴 수가 없으며
얻을 바의 공덕도 헤아릴 수가 없으며
대행 가운데 안주함도 헤아릴 수가 없으며
신통력을 요달함도 헤아릴 수가 없도다

문수의 용맹지혜 끝도 없고 가도 없고
보현의 지혜 행도 다시 또한 그러하니

제가 이제 선근 공덕 회향하옵고
문수보현 따르면서 언제나 배우고 닦으오리다

03 - 24 시방 삼세 부처님이 칭찬하시는
이와 같이 뛰어난 대원의 왕을
제가 이제 모든 선근 회향하여서
수승한 보현 대행 얻고자 하나이다

03 - 25 제가 명을 마치고자 할 때에
일체 모든 장애가 남김없이 사라지고
면전에서 아미타부처님을 만나 뵙고는
곧바로 극락왕생 하기를 바라옵니다

내가 이미 저 국토에 왕생하고는
현전에서 대원을 모두 다 이루고
일체가 원만하여 남김이 없으리니
일체 모든 중생계를 이락하게 하리라

부처님의 모임은 밝고 맑고 깨끗하다
나는 그때에 연꽃위에서 태어나고
여래의 무량광을 친히 보리니
부처님께서는 현전에서 수기를 주시리라

여래에게 수기를 받고 나며는
넓고 큰 지혜의 힘이 가득하리니

셀 수도 없는 천 백 억 화신으로
일체 모든 중생계를 이락하게 하리라

03 - 26 허공계가 다하고 중생계가 다하고
중생 업이 다하고 중생의 번뇌가 다하여도
이와 같은 모든 것이 다할 때가 없으리니
내가 가진 행원도 다함이 없으리라

03 - 27 시방 삼세 존재하는 가없는 세계에
뭇 보배로 장엄을 하여 여래에게 공양을 올리고
최승의 안락으로 천상과 인간에게 보시를 하면서
일체 세계 미진 겁이 지난다고 하여도

어떤 사람 이와 같은 대원의 왕에게
귀로 잠깐 듣고도 믿음을 내어
보리심을 구함에 목말라 한다면
좋은 공덕 얻음이 저보다 나으리라

03 - 28 언제나 악지식을 멀리 여의고
일체 모든 악도를 영원히 여의며
여래의 무량광을 어서 빨리 뵙고는
보현의 최승 행원 모두 다 갖추리라

이 사람은 오래 오래 수명을 얻고
이 사람은 올 때마다 인간으로 태어나며

이 사람은 오래지 않아서 반드시 성취하리니
보현보살 행원과 같으리로다

지혜의 힘이 없었던 지난날로 인하여
극악한 무간지옥 지은 바가 되었어도
보현 대원 이와 같이 칭송한다면
일념에 모두 다 녹아지고 사라지리라

가문의 훌륭함과 얼굴 모습과
상호와 지혜가 모두 다 원만하므로
마군들과 외도들이 꺾을 수 없으리니
감히 삼계에서 응공이 되리라

03 - 29 보리수 나무아래 어서 빨리 앉아서
마군의 무리들을 모두 다 항복받고
바른 깨달음을 이루어 법륜을 굴리리니
일체 모든 중생에게 많은 이익있으리라

03 - 30 어떤 사람 이와 같은 보현의 행원을
수지하고 독송하고 연설한다면
오직 부처님만이 그 과보를 증명할 수 있으리니
결정코 최상의 보리도를 완성하리라

보현 행원 독송하는 사람 있다면
소분의 선근만을 내가 설하리니

일념에 모든 것을 원만히 하고
중생의 청정 대원 성취하리라

이와 같은 보현의 수승한 행원으로
끝이 없는 복덕을 회향하오니
고해에 빠져있는 중생들이여
어서 빨리 무량광 부처님나라에 왕생하소서

4분 믿고 받고 받들고 행하였다

04 - 01 그때에 보현보살 마하살이 부처님 앞에서 넓고 큰 열 가지의 대원을 설하시고 다시 청정한 게송을 설하여 마치시니, 선재동자는 뛸

듯한 기쁨으로 충만하였고, 일체 모든 보살님들도 모두 다 큰 환희에 휩싸였으며, 부처님께서는 어질고 어질도다라고 말씀하시면서 찬탄하시었다.

04 - 02 그때에 세존께서 성자이신 모든 보살마하살과 더불어 이와 같은 불가사의한 해탈 경계의 가장 뛰어난 법문을 설하여 마치시었다. 때에 문수사리보살을 상수로 하는 모든 대 보살님과, 그분들이 성취시키고 숙련시킨 육 천 명의 비구와, 그리고 미륵보살을 상수로 하는 현재 겁에 계시는 일체 모든 대 보살님과, 번뇌없는보현보살을 상수로 하는 관정의 지위에 머물러 있는

일생보처의 모든 대 보살님과, 나머지 시방 세계의 여러 곳으로부터 널리 모여온 바다 같이 많은 일체 세계 극 미진수의 모든 보살 마하살과, 그리고 큰 지혜의 사리불과 신통 제일의 마하목건련을 상수로 하는 모든 대 성문들과, 아울러 하늘과 인간세상에 있는 일체 모든 천주님들과, 천 용 야차 건달바 아수라 가루라 긴나라 마후라가 인비인 등 일체 모든 대중들이 부처님께서 설하신 말씀을 듣고는 모두 다 크게 환희하였으며, 믿고 받고 받들고 행하였다.

海印十波羅蜜圖

- 본 『한글 보현행원경』은 -

1. 반야삼장(般若三藏)의 한문 역본 『대방광불화엄경권제사십 입부사의해탈경계보현행원품(大方廣佛華嚴經卷第四十 入不思議解脫境界普賢行願品)』(『신수대장경』 제10권)을 저본으로 하였습니다.

2. 각 분·절의 단락은 고명하신 선배님들의 역주를 참조하여 역자가 임의로 부여하였습니다.

3. 참고문헌은 다음과 같습니다.

　1) 광덕 지음, 『보현행원품 연의』(서울: 불광출판사, 1988).

　2) 광덕 지음, 『보현행원품 강의』(서울: 불광출판사, 2000).

　3) 관응 스님 저, 『화엄의 바다』(서울: 밀알, 1993).

　4) 법정 옮김, 『나누는 기쁨: 보현행원품』(승주군: 불일출판사, 1991).

　5) 무비, 『보현행원품 강의』(서울: 민족사, 1997).

　6) 법성 연의, 『화엄경 보현행원품』(광주: 큰수레, 1993).

　7) 혜남, 『보현행원품 강설』(부산: 부다가야, 2006)

발

　『대방광불화엄경(화엄경)』은 내용과 분량이 방대하고, 또한 그 뜻이 심오하고 난해하기 때문에 일반 불자들이 친근하게 신앙하기가 어려운 경전이라고 말하고 있습니다. 이와 같은 『화엄경』을 쉽게 신앙하고 깊이 이해할 수 있도록 하기 위한 첫걸음으로 『보현행원품』을 쉬운 한글로 번역하였으며, 그 명칭을 『한글 보현행원경』이라고 하였습니다.(한문 역본의 온전한 명칭은 『대방광불화엄경권제40 입부사의해탈경계보현행원품(大方廣佛華嚴經卷第四十 入不思議解脫境界普賢行願品)』)

　40권으로 구성된 「보현행원품」은 문수보살의 가르침에 의해 보리심을 발한 선재동자(구도자)가 차례로 53선지식을 찾아가서 도를 구하고 가르침을 청하는 내용으로 구성된 경전입니다. 특히 그 가운데서 '제40권째에 해당하는 「보현행원품」'은 선재동자가 마지막으로 보현보살을 찾아가서 가르침을 받게 되었던 법문으로, 방대한 『화엄경』의 결론에 해당한다고 할 수 있습니다. 그러므로 지금에 이르기까지 제40권째의 「보현행원품」, 즉 『한글 보현행원경』을 『화엄경』의 핵심이라고 하고, 또한 화엄사상의 정수라고 하고 있습니다.

이 소중하고 귀중한 경전에 대한 고명하신 선배님들의 많은 역주가 있습니다만, 본 『한글 보현행원경』에서는 미흡함과 모자람을 무릅쓰고, 어린 불자들이 쉽게 수지하고 독송할 수 있도록 경전의 내용을 아름다운 한글로 옮기고, 부드럽고 간결한 문장으로 다듬었으며, 내용의 일부를 시대에 적합하도록 조정하였습니다. 그리고 『화엄경』의 심오한 사상을 요약하고 있는 의상스님의 『법성게』를 번역하여 함께 수록하였습니다. 정성을 다하여 성심성의껏 번역에 임하였습니다만, 부끄러운 마음 고개를 들 수가 없습니다. 다만 불조의 가책을 기다릴 뿐입니다.

『한글 법성게』와 『한글 보현행원경』의 깊은 신앙을 통하여 화엄의 큰 바다에 깊이깊이 들어가시고, 끝없는 보현행원을 영원히 실천하시기 바랍니다.

나무 대행 보현보살 마하살!

불기 2552(2008)년 부처님오신날
왕금산 현불사 취정선원에서 적멸 합장

생멸의 노래
(무상게)

생멸의 노래

비구보살 적멸 한글역

  이 생멸의 노래는 열반에 들어가는 긴요한 문이며 고해를 건너는 자애로운 배로다. 모든 부처님께서는 이 노래로써 열반에 드시었고 일체중생도 이 노래로써 고해를 건넜느니라.

  ○○○성령이시여! 이제 육신의 뿌리와 육경의 찌꺼기를 몽땅 벗어버리고 영성을 오롯이 들어내어 부처님의 가장 높고 맑은 법문을 듣게 되니 이 어찌 다행한 일이 아니겠나이까?

  ○○○성령이시여! 겁의 불길이 통렬하게 타

오르면 삼천대천세계도 꺼꾸러지고 수미산과 큰 바다도 사정없이 깨어져서 남김없이 사라지거늘, 하물며 이 몸의 생로병사와 근심과 슬픔과 고뇌를 어찌 면할 수 있으리까?

○○○성령이시여! 몸털과 머리털과 손발톱과 이빨과 피육과 근골과 뇌수와 색신은 다 땅으로 돌아가고, 침과 혈액과 땀과 눈물과 진액과 대소변은 다 물로 돌아가고, 따뜻한 기운은 불로 돌아가고, 움직이는 기운은 공중으로 돌아가서 사대가 각각 흩어지리니, ○○○성령이시여! 몸을 버린 지금 도대체 어느 곳에 있나이까?

○○○성령이시여! 사대는 본래 공하여 가상

의 모습이니 구태여 애석해 할 필요가 없나이다. 우리는 시작 없는 옛적부터 금일에 이르도록 무명에 의하여 흐름이 일어나고, 흐름에 의하여 인식이 일어나고, 인식에 의하여 명색이 일어나고, 명색에 의하여 육입이 일어나고, 육입에 의하여 감촉이 일어나고, 감촉에 의하여 느낌이 일어나고, 느낌에 의하여 애욕이 일어나고, 애욕에 의하여 집착이 일어나고, 집착에 의하여 소유가 일어나고, 소유에 의하여 생이 일어나고, 생에 의하여 늙음과 죽음과 근심과 슬픔과 모든 고뇌가 일어났나이다. 무명이 없어진 즉 흐름이 없어지고, 흐름이 없어진 즉 인식이 없어지고, 인식이 없어진 즉 명색이 없어지고, 명색이 없어진 즉 육입이 없어지고, 육입이 없어진 즉 감촉이 없어지고, 감촉이 없어진 즉 느낌이 없어지고, 느낌이 없어진 즉 애욕이 없어지고, 애욕이 없어진 즉 집착이 없어지고, 집착이 없어진 즉 소유가 없어지고, 소유가 없어진 즉 생이 없어지고, 생이 없어진 즉 늙음과 죽음과 근심과 슬픔과 모든 고뇌가 없어지리로다.

모든 법은 본래부터 언제나 스스로 적멸의 모습이다. 불자가 이러히 길을 가면 오는 세상에 반드시 부처되리로다. 모든 행이 무상하여 이 생멸의 법이니, 생멸이 다하여 사라지면 적멸의 기쁨이로다.

거룩한 부처님께 귀의합니다. 거룩한 가르침에 귀의합니다. 거룩한 스님들께 귀의합니다. 거룩한 보배승리 여래 응공 정변지 명행족 선서 세간해 무상사 조어장부 천인사 불세존님께 귀의합니다.

○○○성령이시여! 오음의 각루자를 벗어버리고 영성을 오롯이 들어내어 부처님의 한없이 높고 맑은 노래를 듣게 되니, 이 어찌 쾌재가 아니며 이 어찌 쾌재가 아니리오. 천당의 부처님 나라에 마음 따라 왕생하시리니, 쾌활 쾌활이로다.

당당하고 떳떳한 불조의 뜻이여
스스로의 마음을 깨끗이 하는 그것이 성품의 본향이로다
묘한 본체는 담담하고 그러하여 처소가 없나니
산하대지가 그대로 참빛이로다

십념   청정법신비로지나불 원만보신노사나불
천백억화신석가모니불 구품도사아미타불 당래하
생미륵존불 시방삼세일체제불 시방삼세일체존법
대성문수사리보살 대행보현보살 대비관세음보살
대원본존지장보살 제존보살마하살 마하반야바라밀

※ 금생을 마친 분을 위하여 이 게송을 독송하여주고
정성스러운 마음으로 축원을 하면 큰 공덕이 된다.

원망으로써 원망을 갚으면
원망은 쉬어지지 않는다
오직 참음으로써
원망은 쉬어지나니

나를 꾸짖었다
나를 비웃었다
나를 때렸다고 생각하는 사람
그는 영원히 쉬어지지 않는다

원수의 하는 일이 어떻다 해도
적의 하는 일이 어떻다 해도
거짓으로 향하는 내 마음이
내게 짓는 해악보단 못한 것이다

게으름은 죽음의 길
노력은 삶의 길
어리석은 사람 게으르고
지혜있는 사람 노력하고 정진한다

화살 만드는 사람이
화살을 잘 깎아서 바르게 하듯이
지혜 있는 사람은
마음을 수련하여 곧게 가진다

자기의 마음을 탐냄으로부터 지키고
성내는 마음으로부터 지키고
여러 가지 악한 일로부터 지키는 사람에게
진실한 안락은 찾아온다

말은 아름답게 하고
실행이 따르지 않는 사람
빛은 있으나
향기 없는 꽃과도 같다

꽃의 향기는
바람을 거슬러 흐르지 못하지만
착한 사람의 향기는
바람을 거슬러 세상에 퍼진다

잠 못드는 사람에게 밤은 길어라
피곤한 사람에게 길은 멀어라
바른 법을 모르는 어리석은 사람에게
생사의 밤길은 길고 멀어라

맹수는 두려워 않더라도
악한 벗은 두려워하라
맹수는 몸만을 상하는데 그치지만
악한 벗은 마음을 파멸시킨다

허물을 말해주고
악한 것을 꾸짖어 주고
부족한 것을 나무래 주는 사람은
보배가 있는 곳을 가르쳐 주는 사람과 같다

활 만드는 사람은 줄을 다루고
사공은 배를 다루며
목수는 나무를 다루고
지혜 있는 사람은 자신을 다룬다

바람에 흔들리지 않는 바위처럼
칭찬과 비방에 흔들리지 않는 사람
이 사람을
지혜로운 사람이라 한다

세상은 항상 불타고 있다
탐욕과 성냄과 어리석음의 삼독의 불
타고 있는 불집으로부터
빨리 벗어나지 않으면 안 된다

참는다는 것은 하기 어려운 수행의 하나
잘 참는 것만이 최후 승리의 꽃을 피게 한다

어리석은 사람으로
어리석다고 스스로 생각하면
벌써 어진 것이다
어리석은 사람으로
어질다 생각하면
그야말로 어리석은 사람이다

병 없는 것이 제일의 이로움이요
만족을 아는 것이 제일의 부자요
믿음이 있는 것이 제일의 친함이요
깨달음이 제일의 즐거움이다

악은 사람의 마음에서 일어나
사람의 몸을 망친다
마치 녹이 쇠에서 나와
쇠를 먹는 것처럼

자기는 자기의 주인이다
자기는 자기를 의지해야 한다
그러므로 무엇보다도
자기를 잘 다스리지 않으면 안 된다

해는 낮에 빛나고
달은 밤에 빛난다
무기는 군인을 빛내고
참선은 도인을 빛낸다

지나간 일을 뉘우치지 않고
돌아오지 않는 일을 애타게 기다리지 않고
현재만을 진실하게 살면
몸도 마음도 건전할 것이다

백년을 살아도
악한 지혜 어지러이 날 뛰면
하루를 살아도 지혜를 갖추어
고요히 생각함만 같지 못하다

금시 짜낸 소젖은 상하지 않듯
재에 덮인 불씨는 그대로 있듯
지어진 업이 당장에는 보이지 않지만
그늘에 숨어서 그를 따른다

수천만의 적과
혼자 싸워서 이기기보다
하나의 자기를 이김이야말로
참으로 전사 중에서도 최상이니라

모든 생명은 채찍을 두려워한다
모든 생명은 죽음을 두려워한다
자기 생명에 이것을 견주어
남을 죽이거나 죽이게 하지 말라

하늘이 칠보를 비처럼 내리어도
욕심은 오히려 배부를 줄 모르나니
즐거움은 잠깐이요 괴로움이 많다고
어진사람은 이것을 깨달아 안다

승리는 원한을 가져오고
패한 사람은 괴로워 누워있다
이기고 지는 마음 모두 떠나서
다툼이 없으면 스스로 편안하다

이 세상에서 즐거이 복을 짓고
이승에서 저승으로 가는 사람은
친척들의 즐거운 마중을 받듯
제가 지은 복업의 마중을 받는다

음욕보다 뜨거운 불길이 없고
성냄보다 빠른 바람이 없고
무명보다 빽빽한 그물이 없다
애정의 흐름은 물보다 빠르다

사람이 만일 자기를 사랑하거든
모름지기 삼가 자기를 보호하여라
자기를 돌아보아 깨달음에 이르나니
바른 법에 머물러서 쉬지 말고 정진하라

항상 사랑으로 남을 이끌고
마음을 바르게 하고 법답게 행동하며
정의를 지키는 지혜로운 사람
이 사람을 도에 사는 사람이라 부른다

남을 가르치는 바로 그대로
마땅히 자기 몸을 바르게 닦을지니
다루기 어려운 자기를 닦지 않고
어떻게 남을 가르쳐 닦게 하리요

원망속에 있으면서도 원망이 없고
근심속에 있으면서도 근심이 없으며
탐내는 마음속에 있으면서도
탐내는 마음을 없게 하여
한 물건도 나의 물건이라는 생각이 없이
깨끗하게 살지 않으면 안 된다

마음에 좋고 나쁜 것을
분별하여 집착해서는 안 된다
좋은 일로부터
슬픔이 일어나고
근심이 일어나고
두려움이 일어난다

악의 열매가 익기 전에는
악한 사람도 복을 만난다
악의 열매가 익은 때에는
악한 사람은 죄를 받는다
선의 열매가 익기 전에는

선한 사람도 화를 만난다
선의 열매가 익은 때에는
착한 사람은 복을 받는다

집착이 있어 물욕에 빠지면
물질의 참 모습을 볼 수가 없다
집착을 여의어야
물질의 근본 모양을
분명하게 알 수가 있다
그러므로 집착을 떠난 마음이라야
물질은 생명을 갖게 된다

모든 악을 짓지 말고
모든 선을 받들어 행하며
스스로 그 마음을 깨끗이 하라
이것이 모든 부처님의 가르침이니라

적멸 스님(법호는 향수해)
● 왕금산 현불사 주지. ●문학석사·철학박사. ●논문:「승과고시의 응시자격과 구산선문의 대두」,「조계종명의 연원에 대한 고찰」,「선원청규 연구」,「『중조보주 선원청규』의 저본에 관한 논증」,「근·현대 한국 선종교단에서 제정된 청규에 관한 고찰」등 다수. ●번역:『한글 금강경』,『한글 법화경』,『한글 관음경』,『한글 보현행원경』.
●이메일 : alllawzen@daum.net ●전화 : 033-671-6279.

한글경전모음

불기 2552(2008)년 10월 24일 1쇄 발행

한글역_적 멸
펴낸이_고광영
펴낸곳_불교시대사

편집_임동민
영업관리_이규만, 김하정
출판신고_2008년 1월 7일, 제300-1991-27호
주소_서울시 종로구 관훈동 197-28 백상빌딩 13층 4호
전화_02-730-2500
팩스_02-723-5961
홈페이지_www.buddhistbook.co.kr
ISBN_978-89-8002-116-1 03220

* 값은 뒤표지에 있습니다.

보급처 : 한글경전신앙회(전화 019-317-2520)